CW01659376

GİTT… HER Y… KENDİNİ DE GÖTÜRÜRSÜN

Zihnin, Bedenin ve "Şimdi"nin Gücü

JON KABAT-ZINN

Diyojen

ISBN: 978-625-98834-0-3

YAYINEVİ SERTİFİKA NO: 47887
MATBAA SERTİFİKA NO: 47939

Gittiğin Her Yere Kendini de Götürürsün
Jon Kabat-Zinn

Özgün Adı: **Wherever You Go, There You Are**
Copyright © 2005 by Jon Kabat-Zinn

© Bu kitabın Türkiye'deki yayın hakları Diyojen Yayıncılık'a aittir.

Çeviren: Elif Kayurtar
Editör: Merve Özdolap
Kapak Tasarım: İlknur Muştu

Baskı: My Matbaacılık SAN. VE TİC. LTD. ŞTİ.

MY MATBAACILIK SAN. VE TİC. LTD. ŞTİ.
Maltepe Mah. Yılanlı Ayazma Sk. No: 8/F
Zeytinburnu / İstanbul Tel: 0212 674 85 28

Cilt: My Matbaacılık SAN. VE TİC. LTD. ŞTİ.

1. Baskı: Diyojen Yayıncılık, İstanbul, 2023

DİYOJEN YAYINCILIK TİC. LTD .ŞTİ
Maltepe Mah. Yılanlı Ayazma Sk. No: 8/F Zeytinburnu / İstanbul
info@diyojenyayinevi.com
www.diyojenkitap.com

Gittiğin Her Yere Kendini de Götürürsün

Zihnin, Bedenin ve "Şimdi"nin Gücü

Jon Kabat-Zinn

Çeviren
Elif Kayurtar

Diyojen

Myla, Will, Naushon ve Serena'ya,
Her nereye giderseniz…

İÇİNDEKİLER

GİRİŞ

Şunu biliyor musunuz? Eninde sonunda, gittiğiniz her yere kendinizi de götürürsünüz. Ne yaparsanız yapın, yaptığınız şey işte odur. Şu anda ne düşünüyorsanız, aklınızdan geçen düşünce odur. Başınıza her ne geldiyse, bu çoktan gerçekleşmiştir. Önemli olan soru ise şudur: Bununla nasıl başa çıkacaksınız? Başka bir deyişle "Şimdi ne olacak?"

Hoşunuza gitsin ya da gitmesin elimizde olan tek şey bu andır. Yine de hayatımızı burada olduğumuzu; halihazırda bulunduğumuz yerde ve durumda olduğumuzu anlık olarak unutuyormuşçasına rahatlıkla sürdürüyoruz. Her an kendimizi şimdi ve burada kavşağında buluyoruz. Ancak şu anda nerede olduğumuza dair unutkanlık bulutu dağıldığında, tam da o anda kayboluyoruz. "Şimdi ne olacak?" sorusu gerçek bir probleme dönüşüyor.

Kaybolmak derken, kendimizle ve olanaklarımızla olan bağlantımızı anlık olarak kaybetmemizden bahsediyorum. Bunun yerine robotvari bir görme, düşünme ve yapma biçimine kapılıyoruz. Bu anlarda, en derinimizde bulunan ve bize yaratıcılık, öğrenme ve gelişme için belki de en büyük fırsatları sunan şeyle bağlantımızı koparıyoruz. Dikkatli olmazsak bu bulanık anlar uzayıp hayatımızın büyük bir bölümünü kaplayabiliyor.

Ne durumda olursak olalım halihazırda bulunduğumuz yerle gerçekten temas halinde olabilmek için şimdiki anın içimize işlemesine izin vermeye yetecek kadar uzun süre deneyimimizde duraklamamız gerekir. Şimdiki anı gerçekten hissetmek, bütünüyle görmek, onun farkında olmak ve bu sayede o anı daha iyi tanımak ve anlamak için yeterince uzun süre duraklamalıyız. Ancak o zaman hayatımızın bu anının gerçekliğini kabul edebilir, bundan bir şeyler öğrenebilir ve yolumuza devam edebiliriz. Bunun yerine çoğu zaman geçmişle, zaten olup bitmişle veya henüz yolda olan bir gelecekle meşgul oluyoruz. Her şeyin daha iyi, daha mutluluk verici, istediğimiz biçimde ya da eskisi gibi olmasını umduğumuz başka bir yer arıyoruz. Çoğu zaman bu içsel gerilimin yalnızca kısmi olarak farkında oluruz, tabii eğer farkındaysak. Dahası yaşamımızda ve yaşamımızla tam olarak ne yaptığımızın, eylemlerimizin ve daha incelikli olarak düşüncelerimizin gördüklerimiz ve görmediklerimiz, yaptıklarımız ve yapmadıklarımız üzerindeki etkilerinin de en iyi ihtimalle kısmen farkındayız.

Mesela genellikle farkında olmadan düşündüklerimizin (herhangi bir zamanda barındırdığımız fikir ve görüşlerin) "dışarıda" dünyada ve "burada" zihnimizde olanlar hakkındaki "gerçekler" olduğunu varsayarız. Çoğu zaman durum böyle değildir.

Bu gözden geçirilmemiş hatalı varsayımın ve içinde bulunduğumuz anların zenginliğini görmezden gelişimizin bedelini ağır öderiz. Sonuçlar sessizce birikir, biz farkında olmadan ya da bu konuda bir şey yapamadan hayatımıza sızar. Asla tam olarak gerçekten olduğumuz yerde olamayabiliriz, önümüzdeki ihtimallerin zenginliğine asla tam olarak yaklaşamayabiliriz. Bunun yerine kim olduğumuzu, nerede olduğumuzu ve nereye gittiğimizi, neler olup bittiğini zaten bildiğimize dair kişisel bir kurguya saplanıp kalırız. Bir yandan da çoğunlukla geçmiş ve gelecekle, ne istediğimiz ve nelerden hoşlandığımızla, nelerden korktuğumuz ve nelerden hoşlanmadığımızla ilgili sürekli dönüp durarak istikametimizi ve durduğumuz yeri belirsizleştiren düşünceler, fanteziler ve dürtülerle kuşatılmış halde kalırız.

Elinizdeki kitap, bu tür rüyalardan ve çoğu zaman bunların dönüştüğü kâbuslardan uyanmakla ilgilidir. Böyle bir rüyada olduğunuzu bile bilmemek, Budistlerin "cehalet" ya da bilinçsizlik dediği şeydir. Bu bilmeme haliyle temasta olmaya ise "bilinçli farkındalık" denir. Bu rüyalardan uyanma işi meditasyon işidir; uyanıklığın, şimdiki an farkındalığının sistematik olarak geliştirilmesidir. Bu uyanış, "bilgelik" olarak adlandırabileceğimiz neden-sonuç ilişkisiyle ve varlıkların birbirine bağlılığını daha derinlemesine gördüğümüz için artık kendi yarattığımız bir rüya tarafından dikte edilen bir gerçekliğin içinde sıkışıp kalmama durumuyla paralel ilerler. Yolumuzu bulmak için bu ana daha fazla dikkat etmemiz gerekecek. Yaşamak, gelişmek, hissetmek ve değişmek için sahip olduğumuz tek vakit budur. Geçmişin ve geleceğin Scylla ve Charybdis'inin inanılmaz çekiciliğine ve hayatımız yerine bize sundukları hayal dünyasına karşı daha fazla farkındalık kazanmamız ve önlem almamız gerekecek.

Meditasyondan söz ederken, bunun popüler kültürde gösterildiği gibi garip ve gizemli bir faaliyet olmadığını bilmeniz önemlidir. Bu bir tür zombi, ot, bencil bir narsist, "tuhaf bir tip", tarikat mensubu, dindar, mistik veya Doğu filozofu olmak anlamına gelmez. Meditasyon basitçe, kendiniz olmak ve olduğunuz bu kişi hakkında bir şeyler bilmekle ilgilidir. Hoşunuza gitse de gitmese de hayat denilen bir yolda olduğunuzu fark etmekle ilgilidir. Meditasyon; hayat dediğimiz bu yolun bir yönü olduğunu, her an geliştiğini ve şimdi, şu anda olanın bir sonraki anı etkilediğini görmemize yardımcı olabilir.

Eğer şu anda olanlar daha sonra olacakları etkiliyorsa; o zaman şu anda olanlarla daha fazla temas halinde kalmak, içsel ve dışsal duruşunuzu belirleyebilmek ve bulunduğunuz yolu ve gittiğiniz yönü net bir şekilde algılayabilmek için arada sırada etrafa bakmak mantıklı değil midir? Bunu yaparsanız, belki de içsel varlığınıza daha uygun bir rota çizmek için daha iyi bir konumda olabilirsiniz. Böylece bu manevi bir yol, yürekli bir yol, büyük Y ile sizin Yolunuz olur. Aksi takdirde, şu andaki bilinçsizliğinizin devinimi sonraki anları biçimlendirir. Günler, aylar ve yıllar fark edilmeden, değerlendirilmeden ve kıymeti bilinmeden hızla geçip gider.

Mezarımıza doğru ilerleyen sisle örtülü, kaygan bir yokuşta durmaya devam etmek veya ölmeden önce sisi dağıtan bir berraklığa uyanıp bunca yıl hayatın nasıl yaşanacağı ve neyin önemli olduğu hakkında düşündüklerimizin en iyi ihtimalle korkuya ya da cehalete dayanan ve hayatımızı sınırlayan fikirlerimizden oluşan sorgulanmamış yarım gerçekler olduğunu ve gerçekliğin ya da hayatımızın olması gereken halinin bu olmadığını fark etmek çok kolaydır.

Ailemiz ve arkadaşlarımız bazen umutsuzca bize ulaşmaya, gerçeği daha net görmemize veya körlüğümüzden kurtulmamıza yardımcı olmaya çalışsalar da uyanma işini bizim için başka hiç kimse yapamaz. Uyanış nihayetinde her birimizin yalnızca kendimiz için yapabileceği bir şeydir. Eninde sonunda gittiğiniz her yere kendinizi de götürürsünüz. Gelişen hikâye sizin hayatınızdır.

Bilinçli farkındalığı öğretmeye adanmış uzun bir yaşamın sonunda, muhtemelen kendi yollarını bulmalarını kolaylaştırabileceğini uman takipçilerinden nasibini alan Buddha onlara konuyu şu şekilde özetlemiştir: "Kendinize ışık olun."

Önceki kitabım *Full Catastrophe Living*'de bilinçli farkındalığa giden yolu sıradan Amerikalılar için erişilebilir kılmaya ve böylece bunu Budist ya da mistik olmaktan ziyade akılcı bir yol olarak hissettirmeye çalıştım. Bilinçli farkındalık her şeyden önce, evrensel insan niteliklerinden olan dikkat ve bilinçle ilgilidir. Ancak toplumumuzda bu kapasiteleri hafife alma eğilimindeyiz ve bunları sistematik olarak kendini anlamaya ve bilgeliğe hizmet edecek şekilde geliştirmeye kafa yormuyoruz. Meditasyon; dikkatimizi ve farkındalığımızı derinleştirdiğimiz, bunları geliştirdiğimiz ve yaşamımızda daha pratik bir şekilde kullandığımız bir süreçtir.

Full Catastrophe Living, fiziksel veya duygusal olarak acı çeken ya da yoğun stresin etkilerinden kurtulmaya çalışan insanlara yönelik bir seyir haritası olarak düşünülebilir. O kitabın amacı, okuyucuları sıklıkla göz ardı ettiğimiz şeylere dikkat etmeleri konusundaki doğrudan deneyimleri aracılığıyla farkındalığı hayatlarına entegre etmeleri için çok gerçek nedenler olabileceğini fark etmeye teşvik etmekti.

Bilinçli farkındalığın hayatın tüm sorunlarına yegâne çare ya da çözüm olduğunu öne sürmüyorum. Bilakis sihirli bir çözüm bilmiyorum ve açıkçası böyle bir çözüm de aramıyorum. Dolu dolu bir yaşam geniş fırça darbeleriyle boyanır. Birçok yol anlayışa ve bilgeliğe çıkabilir. Her birimizin ele alması gereken farklı ihtiyaçları ve bir ömür boyu peşinden koşmaya değer gördüğü şeyler vardır. Her birimiz kendi rotamızı çizmek zorundayız ve bu rota, yapmaya hazır olduğumuz şeylerle uyumlu olmalıdır.

Meditasyon için kesinlikle hazır olmanız gerekir. Hayatınızın doğru zamanında; kendi sesinizi, kalbinizi, nefesinizi dikkatle dinlemeye hazır olduğunuz bir noktada, herhangi bir yere gitmek ya da herhangi bir şeyi daha iyi veya farklı yapmak zorunda kalmadan sadece bunlar için ve bunlarla birlikte var olmaya hazır olduğunuzda meditasyona dönmelisiniz. Bu zor bir iştir.

Full Catastrophe Living'i Massachusetts Üniversitesi Tıp Merkezi'ndeki stres azaltma kliniğimizde hasta olarak bize başvuran insanları düşünerek yazdım. Kliniğe gelmelerine neden olan sorunları değiştirmeye çalışmayı bırakıp, sekiz hafta boyunca yoğun bir şekilde bilinçli farkındalık pratiği yapma disiplinine katılan çoğu insanın zihinlerinde ve bedenlerinde deneyimlediklerini ifade ettikleri olağanüstü değişimler beni bunu yapmaya itti.

Full Catastrophe Living'in bir seyir haritası olarak, ciddi ihtiyaç içinde olan birinin kendi rotasını dikkatle çizebilmesi için yeterli ayrıntıyı sunması gerekiyordu. Ciddi tıbbi sorunları ve kronik ağrıları olanların yanı sıra, farklı türdeki stresli durumlar karşısında acı çeken kişilerin acil ihtiyaçlarına da hitap etmeliydi. Bu nedenle stres ve hastalık, sağlık ve iyileşme hakkında çok sayıda bilginin yanında nasıl meditasyon yapılacağına dair kapsamlı yönergeler de içermeliydi.

Bu kitap ise daha farklıdır. Burada insanların yaşamlarının stres, ağrı ve hastalık gibi acil sorunlardan etkilenip etkilenmediği fark etmeksizin bilinçli farkındalık meditasyonunun özüne ve uygulamalarına kısaca ve kolayca erişebilmeleri amaçlanmıştır. Bu kitap, özellikle yapılandırılmış programlara karşı direnç gösteren ve ne yapmaları gerektiğinin söylenmesinden hoşlanmayan ancak bilinçli farkındalık ve bunun önemi hakkında küçük ipucu ve öneriler ile bir şeyleri kendi başlarına bir araya getirmeye çalışacak kadar merakı olan kişilere sunulmaktadır.

Bu kitap aynı zamanda halihazırda meditasyon yapan ve daha büyük farkındalık ve içgörü içeren bir yaşam tarzına duydukları bağlılığı arttırmak, derinleştirmek ve pekiştirmek isteyenlere de sunulmaktadır. Burada kısa bölümler halinde hem resmi pratik denemelerimizde hem de bunu günlük hayatımızın her alanına taşıma çabalarımızda bilinçli farkındalık kavramına odaklanılmaktadır. Her bölüm, çok yönlü bilinçli farkındalık cevherinin bir yüzüne bir bakış sağlamaktadır. Bölümleri bu cevherin etrafında küçük dönüşler yapacak şekilde birbirleriyle ilişkilendirdik. Bazı bölümler birbirine benzeyebilir ancak her bir yüz, aynı zamanda farklı ve benzersizdir.

Bilinçli farkındalık cevherine yönelik bu çalışma, akıl sağlığı ve bilgeliğe doğru bir rota çizmek isteyen herkes için sunulmuştur. Burada gereken şey; kişinin ne olursa olsun içinde bulunduğu ana cömertlik, kendine karşı nezaket ve olasılıklara karşı açıklıkla derinlemesine bakmaya istekli olmasıdır.

Birinci Bölüm, kişisel bir bilinçli farkındalık pratiği yaratmanın veya mevcut bir pratiği derinleştirmenin arkasında yatan sebepleri incelemektedir. Okuyucuyu, bilinçli farkındalığı hayatına farklı şekillerde sokmaya teşvik eder. İkinci Bölüm, resmi meditasyon pratiğinin bazı temel yönlerini incelemektedir. Resmi pratik diğer aktiviteleri kasıtlı olarak durdurup bilinçli farkındalık ve konsantrasyon geliştirmeye yönelik belirli yöntemlere giriştiğimiz belirli zaman dilimlerini ifade eder. Üçüncü Bölüm, bilinçli farkındalık üzerine bir dizi pratiği ve perspektifi incelemektedir. Her üç bölümde de bulunan bazı başlıklar hem resmi hem de resmi olmayan bilinçli farkındalık pratikleri kişinin yaşamına dâhil etmesine yönelik açık önerilerle sona erer. Bunlar "DENEYİN" başlığı altında yer almaktadır.

Bu kitap başka kaynaklar veya destekler gerekmeden kişinin kendi başına meditasyon pratiği yapabilmesi için yeterli talimatları içermektedir.

Birinci Bölüm

Şimdiki Anın Büyüsü

Sadece uyanık olduğumuz gün doğar.

HENRY DAVID THOREAU, *Walden*

Bilinçli Farkındalık (Mindfulness) Nedir?

Bilinçli farkındalık, günlük yaşamımızla derin bir bağlantısı olan kadim bir Budist uygulamasıdır. Bu bağlantının Budizm'in kendisiyle veya Budist olmakla hiçbir ilgisi yoktur; uyanışla, kendimizle ve dünyayla uyum içinde yaşamakla ilgilidir. Kim olduğumuzu incelemekle, dünyaya bakışımızı ve dünyadaki yerimizi sorgulamakla ve yaşadığımız her anın kıymetini bilmekle ilgilidir. Hepsinden önemlisi temas halinde olmakla ilgilidir.

Budist bakış açısına göre sıradan uyanık bilinç durumumuz ciddi ölçüde kısıtlı ve sınırlayıcıdır ve birçok açıdan uyanıklıktan ziyade genişletilmiş bir rüyayı andırır. Meditasyon bu otomatik ve bilinçsiz uykudan uyanmamıza yardımcı olur ve böylece yaşamımızı bilinçli ve bilinç dışı imkânlarımızın tamamına erişerek sürdürmemizi mümkün kılar. Bilgeler, yogiler ve Zen ustaları binlerce yıldır bu alanı sistematik olarak araştırıyorlar. Bu süreçte doğanın samimi bir parçası olduğumuz gerçeğini kabul etmek yerine onu kontrol etmeye çalıştığımız kültürel yönelimimizi dengelemek için Batı'da son derece faydalı olabilecek bir şey öğrendiler. Bu ustaların kolektif deneyimleri, kendi doğamızı ve özellikle de zihnimizin doğasını dikkatli ve sistematik bir kişisel gözlem yoluyla içsel olarak araştırarak daha fazla tatmin, uyum ve bilgelik barındıran yaşamlar sürebileceğimizi göstermektedir. Bunlar ayrıca şu anda Batı'ya hâkim olan indirgemeci ve materyalist dünya görüşünü tamamlayıcı bir bakış açısı da sunmaktadır. Ancak bu görüş ne özellikle "Doğu'ya özgü" ne de mistiktir. Thoreau 1846'da New England'da sıradan zihin durumumuzla ilgili aynı sorunu tespit etmiş ve bunun talihsiz sonuçları hakkında büyük bir heyecanla yazmıştır.

Bilinçli farkındalık, Budist meditasyonunun kalbi olarak anılmaktadır ve temel olarak basit bir kavramdır. Gücü pratiğinde ve bunun uygulanmasında yatar. Bilinçli farkındalık kasıtlı olarak, şimdiki anda ve yargılamadan dikkati yöneltmek anlamına gelir. Bu tür bir dikkat şimdiki anın gerçekliğine dair daha yüksek farkındalığı, netliği ve kabulü destekler. Bizi hayatımızın yalnızca anlarla yaşandığı gerçeğine uyandırır. Bu anların büyük bir kısmında tam anlamıyla orada bulunmazsak sadece hayatımızdaki en değerli şeyleri kaçırmakla kalmaz aynı zamanda gelişim ve dönüşüm olanaklarımızın zenginliğini ve derinliğini de fark edemeyebiliriz.

Şimdiki ana yönelik farkındalığın azalması genellikle derinlerde yatan korkulardan ve güvensizliklerden kaynaklanan bilinç dışı ve otomatik eylemlerimiz ve davranışlarımız yoluyla başka sorunlar da yaratır. Bu sorunlar dikkate alınmadığı takdirde zamanla artar ve sonunda kendimizi sıkışmış ve iletişimsiz kalmış gibi hissetmemize neden olabilir. Zamanla enerjimizi daha fazla tatmin ve mutluluk, hatta belki de daha fazla sağlık getirecek şekilde yeniden yönlendirme becerimize olan inancımızı kaybedebiliriz.

Bilinçli farkındalık kendimizi sıkışmışlıktan kurtarmak, bilgeliğimiz ve canlılığımızla tekrar temasa geçmek için basit ama güçlü bir yol sağlar. Bu; aile içindeki ilişkilerimiz, işimizle ve daha geniş bir çevre ve gezegenle olan ilişkimiz ve en önemlisi bir birey olarak kendimizle olan ilişkimiz de dâhil olmak üzere yaşamımızın yönünün ve kalitesinin sorumluluğunu almanın bir yoludur.

Budizm, Taoizm ve yoganın temelinde yatan ve aynı zamanda Emerson, Thoreau ve Whitman gibi kişilerin eserlerinde ve Kızılderili bilgeliğinde de rastladığımız bu yolun sırrı şimdiki anı takdir etmek ve sürekli olarak dikkat ve anlayışla yaklaşarak şimdiki anla samimi bir ilişki geliştirmektir. Bu, hayatın kıymetini bilmemenin tam tersidir.

Şimdiki anları henüz yaşanmamış anlar uğruna görmezden gelme alışkanlığı, içinde bulunduğumuz yaşam ağına dair bir farkındalık eksikliğine yol açar. Bu kendi zihnimize ve zihnimizin algılarımızı ve eylemlerimizi nasıl etkilediğine dair farkındalık ve anlayış eksikliğini de beraberinde getirir. Aynı zamanda insan olmanın ne anlama geldiğine ve birbirimize ve etrafımızdaki dünyaya ne şekilde bağlı olduğumuza dair bakış açımızı da ciddi şekilde sınırlar. Din geleneksel olarak ruhani bir çerçevedeki bu tür temel sorgulamaların alanı olmuştur ancak hayatta olmaya dair gizemi anlama ve var olan her şeye derinden bağlı olduğumuzu kabul etme girişimi olarak bilinçli farkındalığın, kelimenin temel anlamı dışında dinle pek bir ilgisi yoktur.

Kendimizi beğendiklerimize ve beğenmediklerimize, görüşlerimize ve önyargılarımıza, tahminlerimize ve beklentilerimize kapılmadan açık bir şekilde dikkatimizi vermeye adadığımızda yeni olasılıklar ortaya çıkar ve kendimizi bilinçsizlik kelepçesinden kurtarma şansına sahip oluruz.

Ben bilinçli farkındalığı basitçe bilinçli yaşama sanatı olarak düşünmeyi seviyorum. Bunu uygulamak için Budist ya da yogi olmanıza gerek yok. Aslında Budizm hakkında biraz bilginiz varsa, en önemli hususun kendiniz olmak ve zaten olmadığınız bir şeye dönüşmeye çalışmamak olduğunu bilirsiniz. Budizm temelde en derin doğanızla temas halinde olmak ve bunun engellenmeden içinizden akıp gitmesine izin vermekle ilgilidir. Uyanmak ve her şeyi olduğu gibi görmekle ilişkilidir. Aslında "Buda" kelimesi basitçe kendi gerçek doğasına uyanmış kişi anlamına gelir.

Dolayısıyla bilinçli farkındalık herhangi bir (dini veya bilimsel) inanç veya gelenekle çatışmaz veya size herhangi bir fikir satmaya çalışmaz. Özellikle de yeni bir inanç sistemini veya ideolojiyi pazarlamaz. Sadece sistematik bir kendini gözlemleme, kendini sorgulama ve bilinçli farkındalıklı eylem süreci aracılığıyla varlığınızın bütünlüğüyle daha fazla temas içinde olmanın pratik bir yoludur. Bunun soğuk, analitik veya duygusuz bir yanı yoktur. Bilinçli farkındalık pratiği genel yapısı itibarıyla nazik, anlayışlı ve besleyicidir. Bunu "içtenlik" olarak düşünmek de mümkündür.

> Bir keresinde bir öğrenci şöyle demişti: "Budist olmam ailemi ve arkadaşlarımı çıldırttı ama buda olduğumda kimse üzülmedi."

Basit ama Kolay Değil

Bilinçli farkındalığı uygulaması basit olsa da her zaman kolay değildir. Bilinçli farkındalık buna karşı çalışan güçlerin, yani alışkanlık haline gelmiş farkında olmama halimizin ve otomatikliğimizin son derece inatçı olması gibi basit bir nedenden dolayı çaba ve disiplin gerektirir. Bunlar o kadar güçlü ve bilincimizin o kadar dışındadır ki farkındalık anlarımızı yakalama ve bilinçli farkındalığı sürdürme çabalarımızı devam ettirmek için içten bir bağlılık ve belirli bir biçimde çalışma gereklidir. Fakat bu bizi hayatımızın alışkanlıkla gözden kaçırdığımız ve kaybettiğimiz pek çok yönüyle temasa geçirdiği için özünde tatmin edici bir çalışmadır.

Bu aynı zamanda aydınlatıcı ve özgürleştirici bir çalışmadır. Aydınlatıcıdır çünkü kelimenin tam anlamıyla daha net görmemizi ve dolayısıyla yaşamımızda temas etmediğimiz veya bakmak istemediğimiz alanları daha derinlemesine anlamamızı sağlar. Bunlar normalde farkındalığımızda tutmak veya bilinçli olarak ifade etmek için kendimize izin vermediğimiz keder, üzüntü, kırgınlık, öfke ve korku gibi derin duygularla karşılaşmayı içerebilir. Bilinçli farkındalık aynı zamanda neşe, huzur ve mutluluk gibi genellikle geçici olan ve farkına varılmayan duyguların kıymetini bilmemizi de sağlayabilir. Bu çalışma bedenimizde ve dünyada yeni biçimlerde var olmamıza öncülük ettiği için özgürleştiricidir ve böylece bizi sık sık içine düştüğümüz monotonluktan kurtarabilir. Aynı zamanda güçlendiricidir çünkü bu şekilde dikkati yönlendirmek içimizdeki derin yaratıcılık, zekâ, hayal gücü, netlik, kararlılık, seçim hakkı ve bilgelik hazinelerine kanallar açar.

Genellikle düşündüklerimizin tam olarak farkında olmama eğilimindeyiz. Zihnimizde durmaksızın akan düşünce akışı içsel sessizlik için pek imkân bırakmaz. Kendimize bir şeyler yapmak üzere koşturmak zorunda kalmadan sadece var olmak için çok az alan bırakırız. Eylemlerimiz çoğu zaman farkındalıkla gerçekleştirilmek yerine, zihnimizde bir şelale değilse de bir ırmak gibi akıp giden sıradan düşünceler ve dürtüler tarafından yönlendirilir. Bu sele kapılırız ve bu bizi gitmek istemeyebileceğimiz ve hatta gittiğimizi bile fark edemeyebileceğimiz yerlere götürürken hayatımızı da sular altında bırakır.

Meditasyon bu akımdan nasıl kurtulacağımızı öğrenmek, düşüncelerin kıyısında oturup bunları dinlemek, bunlardan bir şeyler öğrenmek ve sonra da enerjilerini kendimize zulmetmek yerine rehberlik etmek için kullanmak anlamına gelir. Bu süreç sihirli bir biçimde kendiliğinden gerçekleşmez. Emek ister. Şimdiki anda olma becerimizi geliştirme gayretine "pratik" veya "meditasyon pratiği" deriz.

> *Soru:* Bilinç düzeyimin tamamen altında olan bir karışıklığı nasıl düzeltebilirim?
>
> *Nisargadatta:* Kendinizle birlikte olarak... Günlük yaşamınızda kendinizi canlı bir ilgiyle izleyerek, yargılamak yerine anlama niyetiyle, ortaya çıkabilecek her şeyi tam olarak kabul ederek... Çünkü o karışıklık oradadır, derin olanı yüzeye çıkmaya ve yaşamınızı ve bilincinizi enerjisiyle zenginleştirmeye teşvik edersiniz. Bu, farkındalığın muazzam ürünüdür. Yaşamın ve zihnin doğasını anlayarak engelleri ortadan kaldırır ve enerjileri serbest bırakır. Zekâ özgürlüğe açılan kapıdır ve canlı dikkat zekânın kaynağıdır.
>
> NISARGADATTA MAHARAJ, *I Am That*

Durmak

İnsanlar meditasyonu özel bir aktivite olarak düşünürler ama bu tam olarak doğru değildir. Meditasyon sadeliğin kendisidir. Şakayla karışık bazen "Sadece orada otur, hiçbir şey yapma," deriz. Ancak meditasyon sadece oturmak da değildir. Durmak ve orada olmakla ilgilidir, bu kadar. Genelde bir şeyler yapmak için koştururuz. Hayatınızda bir an için bile olsa durabiliyor musunuz? Şu an durabilir misiniz? Dursaydınız ne olurdu?

Yaptığımız şeyleri tamamen durdurmanın yollarından biri, bir anlığına "olma moduna" geçmektir. Kendinizi zamansız, ebedi bir izleyici olarak görün. Bu anı hiçbir şekilde değiştirmeye çalışmadan sadece izleyin. Neler oluyor? Ne hissediyorsunuz? Ne görüyorsunuz? Ne duyuyorsunuz?

Durmanın tuhaf tarafı, durduğunuz anda tam orada olmanızdır. Bunu yaptığınızda her şey daha basit bir hal alır. Bazı açılardan, sanki ölmüşsünüz ve dünya devam ediyormuş hissine kapılırsınız. Ölmüş olsaydınız, tüm sorumluluklarınız ve yükümlülükleriniz anında buharlaşmış olacaktı. Bunlardan geriye kalanlar bir şekilde siz olmadan çözülecekti. Başka hiç kimse sizin özgün programınızı devralamaz. Tıpkı şimdiye kadar ölen herkes için olduğu gibi programınız da sizinle birlikte ölecek ya da yok olacaktır. Yani bunlar konusunda endişelenmenize kesinlikle gerek yok.

Bu mantık çerçevesinden bakarsanız, belki de aksini düşünseniz bile şu anda bir telefon görüşmesi daha yapmanız o kadar da önemi olmayabilir. Belki de şu anda bir şey okumanıza ya da bir iş daha yapmanıza gerek yoktur. Hâlâ yaşarken zamanın akışında "kasıtlı olarak ölmek" için birkaç dakika ayırarak, şimdiki zamana vakit ayırmak üzere kendinizi özgür bırakırsınız. Şimdiki anda bu şekilde "ölerek" aslında artık daha canlı hale gelirsiniz. Durmak bunu sağlayabilir. Bunun pasif bir yanı yoktur. Ve devam etmeye karar verdiğinizde, durmuş olduğunuz için bu farklı bir devam etme şekline dönüşecektir. Durmak aslında ilerlemeyi daha canlı, daha zengin, daha katmanlı hale getirir. Endişelendiğimiz ve kendimizi yetersiz hissettiğimiz her konuya farklı bir perspektiften bakmamızı sağlar. Bize rehberlik eder.

DENEYİN: Gün içinde arada bir durun, oturun ve nefesinizin farkına varın. Bu beş dakika ya da beş saniye bile olabilir. Hislerinizi ve neler olduğuna dair duyularınızı da kapsayacak şekilde içinde bulunduğunuz anı tamamen kabul edin. Bu anlarda hiçbir şeyi değiştirmeye çalışmayın sadece nefes alın ve oluruna bırakın. Nefes alın ve oluruna bırakın. Zihninizde ve kalbinizde, bu anın tam olarak olduğu haliyle devam etmesine izin vermek için kendinizi serbest bırakın ve kendinize de tam olarak olduğunuz gibi kalmak için izin verin. Sonra hazır olduğunuzda kalbinizin istediği yöne doğru, bilinçli farkındalıkla ve kararlılıkla ilerleyin.

İşte Bu Kadar

New Yorker karikatürü: Cübbeleri içinde kafaları tıraşlı, biri genç, diğeri yaşlı iki Zen keşişi, yerde bağdaş kurmuş yan yana oturmaktadır. Genç keşiş kendisine doğru dönmüş olan yaşlı keşişe biraz şaşkınlıkla bakar ve yaşlı keşiş şöyle der: "Bundan sonra hiçbir şey olmayacak. İşte bu kadar."

Bu doğrudur. Normalde bir işe giriştiğimizde çabalarımız karşılığında istediğimiz sonucu beklememiz son derece doğaldır. Beklediğimiz şey sadece hoş bir tatmin duygusu olsa bile bir sonuç görmek isteriz. Bu genelleme için aklıma gelen tek istisna meditasyondur. Meditasyon, özünde kendinizi geliştirmeye ya da başka bir yere ulaşmaya çalışmak değil, sadece halihazırda bulunduğunuz yerin farkına varmakla ilgili kasıtlı ve sistematik tek insan faaliyetidir. Belki değeri de tam olarak bundan kaynaklanmaktadır. Belki de hepimizin hayatta bir şeyi sadece yapmak için yapmaya ihtiyacı vardır.

Ancak meditasyonu "yapmak" olarak adlandırmak pek doğru olmaz. Bu eylem daha doğru bir şekilde "olmak" olarak ifade edilebilir. "İşte bu kadar" sözünü anladığımızda bu, geçmişi ve geleceği bırakmamıza ve şimdi, şu anda olduğumuz şeye uyanmamıza olanak tanır.

İnsanlar genellikle bunu hemen kavrayamazlar. Rahatlamak, özel bir durumu deneyimlemek, daha iyi bir insan olmak, belli stres veya acıları azaltmak, eski alışkanlıklardan ve kalıplardan kurtulmak, özgürleşmek veya aydınlanmak için meditasyon yapmak isterler. Bunların hepsi meditasyon pratiği yapmak için geçerli nedenlerdir ancak bu şeylerin sırf şimdi meditasyon yaptığınız için gerçekleşmesini beklerseniz eşit derecede bir sorunla karşılaşırsınız. Bu durumda "özel bir deneyim" yaşama isteğine veya gelişime dair işaretler aramaya kendinizi kaptırırsınız ve hızlı bir şekilde özel bir şey hissetmediğinizde seçtiğiniz yoldan şüphe etmeye veya "doğru yapıp yapmadığınızı" sorgulamaya başlayabilirsiniz.

Çoğu öğrenme alanında bu makul bir durumdur. Elbette bir şeye devam etmek için er geç ilerleme görmek gerekir. Ancak meditasyon farklıdır. Meditasyon perspektifinden bakıldığında her durum ve her an özeldir.

İçinde bulunduğumuz anda başka bir şeyin olmasını istemekten vazgeçtiğimizde, şimdi burada olan ile yüzleşebilmek adına önemli bir adım atmış oluruz. Herhangi bir yere doğru ilerlemeyi veya kendimizi herhangi bir şekilde geliştirmeyi umuyorsak, adımımızı ancak bulunduğumuz yerden atabiliriz. Nerede durduğumuzu gerçekten bilmiyorsak (ki bu bilgi doğrudan bilinçli farkındalığın geliştirilmesiyle elde edilir) tüm çabalarımıza ve beklentilerimize rağmen sadece aynı yerde dönüp durabiliriz. Dolayısıyla meditasyon pratiğinde bir yere varmanın en iyi yolu, herhangibir yere varmaya çalışmaktan vazgeçmektir.

Zihniniz gereksiz şeylerle bulanıklaşmıyorsa,
Bu hayatınızın en güzel mevsimidir.

WU-MEN

DENEYİN: Zaman zaman kendinize şunu hatırlatın: "İşte bu kadar." Bunun uygulanamayacağı herhangi bir şey olup olmadığını sorgulayın. Şimdiki anı kabul etmenin olup bitenler karşısında boyun eğmek olmadığını kendinize hatırlatın. Bu sadece var olanın olduğu gibi kabul edilmesi anlamına gelir. Kabul, size ne yapmanız gerektiğini söylemez. Bundan sonra olacaklar ne yapmayı seçtiğinizden, bu ana ilişkin anlayışınızdan kaynaklanır. Derin bir "işte bu kadar" bilinciyle hareket etmeyi deneyebilirsiniz. Bu nasıl ilerleyeceğiniz veya tepki vereceğiniz konusundaki seçiminizi etkiliyor mu? Gerçek anlamda içinde bulunduğunuz anın aslında hayatınızın en güzel mevsimi, en özel anı olabileceğini düşünmeniz mümkün mü? Böyle olsaydı, bu sizin için ne anlama gelirdi?

Anları Yakalamak

Anı yakalamanın en iyi yolu ana odaklanmaktır. Bilinçli farkındalığı bu şekilde geliştiririz. Bilinçli farkındalık uyanık ve canlı olmak demektir. Bu, ne yaptığınızı bilmek anlamına gelir. Ancak kendi zihnimizin yaptıklarına odaklanmaya başlasak da bir süre sonra hızla tekrar bilinçsiz halimize dönmemiz, otomatik pilottaki farkında olmayan halimize geçmemiz olağan bir durumdur. Farkındalığın bu şekilde sapması genelde o anda gördüklerimizin veya hissettiklerimizin yarattığı memnuniyetsizlik dalgalarından kaynaklanır. Bu bir şeylerin farklı olması, bir şeylerin değişmesi arzusunu doğurur.

Zihnin şimdiki andan kaçma alışkanlığını kolaylıkla gözlemleyebilirsiniz. Dikkatinizi kısa bir süre için bile olsa herhangi bir nesneye odaklamaya çalışın. Bilinçli farkındalığı geliştirmek için kendinize defalarca uyanık ve bilinçli olmayı hatırlatmanız gerektiğini göreceksiniz. Bunu bakmayı, hissetmeyi, olmayı kendimize hatırlatarak gerçekleştiririz. Bu kadar basittir: her anın içinde olmak, sonsuz anlar boyunca farkındalığı sürdürmek, şimdi ve burada olmak.

DENEYİN: Şu anda kendinize "Uyanık mıyım?", "Zihnim şu anda nerede?" diye sorun.

Nefesin Farkında Olmak

Dikkatinizi yönlendirebileceğiniz bir odağa, sizi şimdiki ana bağlayacak ve zihniniz dağıldığında geri getirecek bir çapaya sahip olmak faydalıdır. Nefes bu amaca hizmet eder ve gerçek bir müttefik olabilir. Farkındalığı nefesimize getirerek kendimize şimdi burada olduğumuzu hatırlatırız, bu sayede gerçekleşen her şeyin tamamen farkında olabiliriz.

Nefesimiz anları yakalamamıza yardımcı olabilir. Bunu bilmeyen bu kadar çok insan olması şaşırtıcıdır. Ne de olsa nefes her zaman burada, burnumuzun dibindedir. Herkesin bir noktada nefesin faydasıyla karşılaşmış olabileceğini düşünebilirsiniz. Hatta "Nefes alacak vaktim yok," söylemi bile bize şimdiki an ve nefes arasındaki ilginç bağlantı konusunda bir ipucu verir.

Nefesinizi bilinçli farkındalığı besleyecek şekilde kullanmak için sadece nefesin yarattığı hisse odaklanın. Bu, nefesin bedeninize girdiği ve bedeninizden çıktığı hissidir. Hepsi bu kadar. Sadece nefesi hissetmek. Nefes almak ve nefes aldığınızı bilmek. Bu, derin nefes almanız ya da nefesinizi zorlamanız, özel bir şey hissetmeye çalışmanız ya da doğru yapıp yapmadığınıza kafa yormanız anlamına gelmez. Nefesiniz hakkında düşünmek anlamına da gelmez. Bu sadece nefesin içeri girdiğine ve dışarı çıktığına dair sade bir farkındalıktır.

Bunun uzun bir nefes olması bile gerekmez. Kendimizi şimdiki ana geri döndürmek için nefesi kullanmak belirli bir zaman gerektirmez, sadece dikkatin yönünü değiştirmeyi gerektirir. Ancak her nefeste anbean farkındalığa dair anları birleştirmek için kendinize biraz zaman tanırsanız, büyük maceralar sizi beklemektedir.

DENEYİN: Nefes alırken ve nefes verirken tam olarak bu nefesle kalmayı, zihninizi sadece bu ana ve bu nefese açık tutmayı deneyin. Bir yere varmaya ya da herhangi bir şeyin olmasına dair tüm fikirleri bırakın. Kafanız dağıldığında sadece nefese dönmeye çalışın, bilinçli farkındalık anlarını her nefeste birbirine bağlayın. Bunu bu kitabı okurken ara sıra deneyin.

Kabir der ki: Öğrenci söyle bana, Tanrı nedir?
O, nefesin içindeki nefestir.

KABİR

Pratik, Pratik, Pratik

Pratik, bilinçli farkındalığı sürdürmeye yardımcı olur. Nefesinizle dost olmaya başladığınızda farkında olmama halinin her yerde olduğunu göreceksiniz. Nefesiniz size farkında olmama halinin sadece belirli bir alana ait olmadığını, aynı zamanda alanın ta kendisi olduğunu öğretir. Bunu size isteseniz bile nefesle kalmanın o kadar kolay olmadığını tekrar tekrar göstererek yapar. Pek çok şey araya girer, bizi andan uzaklaştırır, konsantre olmamızı engeller. Zihnin yıllar içinde bir tavan arası gibi eski ıvır zıvırlarla dolduğunu görürüz. Sadece bunu bilmek bile doğru yönde atılmış büyük bir adımdır.

Pratik, Prova Yapmak Anlamına Gelmez

"Pratik" kelimesini bilinçli farkındalığın geliştirilmesini tanımlamak için kullanırız ancak bu bir performansın veya yarışmanın olabildiğince güzel geçmesi için daha da iyi olmak amacıyla sürekli tekrarlanan bir prova anlamına gelmez.

Bilinçli farkındalık pratiği her an tamamen anda kalmaya kendimizi adamamız anlamına gelir. Ortada bir "performans" yoktur. Sadece şu an vardır. Kendimizi geliştirmeye veya başka bir yere ulaşmaya çalışmıyoruz. Özel içgörüler veya imgeler peşinde bile koşmuyoruz. Kendimizi önyargısız, sakin veya rahat olmaya da zorlamıyoruz. Ve kesinlikle öz bilinci teşvik etmiyoruz veya kendimizle meşgul olmuyoruz. Aksine kendimizi elimizden geldiğince şimdi ve burada sakinlik, bilinçli farkındalık ve soğukkanlılık yönelimini somutlaştırma niyetiyle, tam bir farkındalıkla bu anla etkileşime girmeye davet ediyoruz.

Elbette sürekli pratik yaparak ve sağlam ama nazik bir çabayla sakinlik, bilinçli farkındalık ve soğukkanlılık kendiliğinden gelişir ve derinleşir. Bunlar dinginlik içinde yaşamaya ve tepki vermeden ve yargılamadan gözlemlemeye olan bağlılığınızdan dolayı ortaya çıkar. Ardından farkındalıklar ve içgörüler, derin dinginlik ve sevinç deneyimleri gelir. Ancak bu deneyimlerin gerçekleşmesi için pratik yaptığımızı ya da bu deneyimleri ne kadar çok yaşarsak o kadar iyi olduğunu söylemek yanlış olur.

Bilinçli farkındalığın özü, sadece farkındalığın kendisi için pratik yapmak ve her anı olduğu gibi (hoş ya da nahoş, iyi, kötü ya da çirkin) kabul etmektir ve sonra da bununla çalışmaktır çünkü şu anda mevcut olan budur. Bu tutum sayesinde yaşamın kendisi bir pratik haline gelir. Bu durumda pratik yapmaktan ziyade, pratiğin sizi içine aldığı ve yaşamın kendisinin meditasyon eğitmeniniz ve rehberiniz haline geldiği söylenebilir.

Pratik Yapmak için Özel Bir Çaba Harcamanıza Gerek Yok

Henry David Thoreau'nun Walden Pond'da geçirdiği iki yıl öncelikle kişisel bir bilinçli farkındalık deneyiydi. Thoreau şimdiki anın mucizesinin ve sadeliğinin tadını çıkarmak için yaşamını tehlikeye atmayı seçti. Ancak sizin bilinçli farkındalık pratiği yapmak için özel bir çaba harcamanıza veya özel bir yer bulmanıza gerek yok. Hayatınızda dinginlik ve "eylemsizlik" dediğimiz şey için biraz zaman ayırmanız ve ardından nefesinize odaklanmanız yeterli.

Walden Pond aslında nefesinizdedir. Değişen mevsimlerin mucizesi nefestedir. Ebeveyniniz ve çocuklarınız nefestedir. Bedeniniz ve zihniniz nefestedir. Nefes; bedeni ve zihni birbirine, bizi ebeveynimize ve çocuklarımıza, bedenimizi dış dünyanın bedenine bağlayan akıştır. Yaşamın akışıdır. Bu akışta altın balıklar vardır. Bunları net bir şekilde görmek için ihtiyacımız olan tek şey farkındalık merceğidir.

> Zaman, balık tutmaya gittiğim bir dereden başka bir şey değildir. Oradan su içerim ama içerken kumlu dibini görür ve ne kadar sığ olduğunu fark ederim. İnce akıntısı uzaklaşır ama sonsuzluk kalır. Daha derinden içerdim; dibi yıldızlarla kaplı gökyüzünde balık tutardım.
>
> THOREAU, *Walden*

> Sonsuzlukta sahiden de gerçek ve yüce bir şeyler vardır. Ancak tüm bu zamanlar, yerler ve durumlar şimdi ve buradadır. Tanrı'nın kendisi şimdiki anda doruğa ulaşır ve çağlar geçse de asla daha yüce bir hal almayacaktır.
>
> THOREAU, *Walden*

Uyanmak

Her gün biraz zaman ayırarak resmi bir meditasyon pratiğine başlamak, artık düşünemeyeceğiniz ya da etrafta koşuşturamayacağınız veya işlerinizi halledemeyeceğiniz anlamına gelmez. Bu bir süre durup izlediğiniz, dinlediğiniz ve anladığınız için ne yaptığınızı bilme ihtimalinizin artacağı anlamına gelir.

Thoreau bunu Walden Pond'da çok net bir şekilde görmüştü. Son mesajı şuydu: "Sadece uyanık olduğumuz gün doğar." Hayatımızın gerçekliğini ona hâlâ sahipken kavramak istiyorsak, yaşadığımız ana uyanmamız gerekir. Aksi takdirde bütün günler, hatta bütün bir yaşam fark edilmeden geçip gidebilir.

Bunu yapmanın pratik yollarından biri diğer insanlara bakmak ve kendinize gerçekten onları mı yoksa sadece onlar hakkındaki düşüncelerinizi mi gördüğünüzü sormaktır. Bazen düşüncelerimiz rüya gözlükleri gibi işlev görür. Bunu taktığımızda hayalimizdeki çocukları, hayalimizdeki eşi, hayalimizdeki işi, hayalimizdeki iş arkadaşlarını, hayalimizdeki partneri, hayalimizdeki dostları görürüz. Rüya gibi bir gelecek uğruna rüya gibi bir "şimdi"de yaşayabiliriz. Farkında olmadan her şeyi renklendiriyor, her şeye kendi yorumumuzu katıyoruz. Rüyada bazı şeyler değişerek canlı ve gerçek gibi görünse de bu yine de içinde bulunduğumuz bir rüyadır. Ama gözlükleri çıkarırsak, belki burada gerçekten ne olduğunu biraz daha doğru bir şekilde görebiliriz.

Thoreau bunu yapmak için uzun bir süre (Walden Pond'da iki yıl iki ay kalmıştır) tek başına inzivaya çekilme ihtiyacı hissetmişti. "Ormana gittim çünkü bilinçli bir şekilde yaşamak, yaşamın temel gerçekleriyle yüzleşmek istiyordum. Yaşamın öğreteceği şeyleri öğrenip öğrenemeyeceğimi görmek istiyordum. Ve ölüm geldiğinde aslında yaşamadığımı keşfetmek istemiyordum."

En derin inancı şuydu: "Günün niteliğini etkilemek sanatların en yücesidir... Henüz tamamen uyanık olan bir adamla tanışmadım. Onun yüzüne nasıl bakardım?"

DENEYİN: Zaman zaman kendinize "Şu anda uyanık mıyım?" diye sorun.

İçim, beni dinle, en yüce ruh,
Öğretmen, yakındadır,
Uyan, uyan!

Onun ayağına git —
Şu anda başına yakın bir yerde duruyor.
Milyonlarca yıldır uyuyorsun.
Neden bu sabah uyanmıyorsun?

KABİR

İşi Karmaşıklaştırmayın

Meditasyona başlamaya karar verirseniz, bunu başkalarına anlatmanıza veya neden yaptığınız ya da bunun sizin için ne ifade ettiği hakkında açıklama yapmanıza gerek yoktur. Bu, yeni ortaya çıkan enerjinizi ve hevesinizi boşa harcamanızdan ve çabalarınızın ivme kazanmasını engellemekten başka bir işe yaramaz. Bunun reklamını yapmadan meditasyon yapmak en iyisidir.

Meditasyonun ne kadar harika olduğu veya ne kadar zor olduğu, bugünlerde size ne kazandırdığı veya ne kazandırmadığı hakkında konuşmak için güçlü bir dürtü duyduğunuzda veya başka birilerini meditasyonun onlara neler katacağı konusunda ikna etmek istediğinizde, bunu sadece daha fazla düşünmek olarak görün ve gidip biraz daha meditasyon yapın. Bu dürtü geçecektir ve bu başta siz olmak üzere herkes için daha iyi olacaktır.

Dalgaları Durduramazsınız Ama Sörf Yapmayı Öğrenebilirsiniz

Meditasyonun dünyanın ya da kendi zihninizin baskılarından kurtulmanın bir yolu olduğu yaygın bir görüştür ancak bu doğru bir kanı değildir. Meditasyon bir şeyleri dışarıda bırakmak ya da kapatmak değildir. Olayları net bir şekilde görmek ve kendinizi onlarla olan ilişkinizde bilinçli olarak farklı bir şekilde konumlandırmaktır.

Kliniğimize gelen insanlar stresin hayatın kaçınılmaz bir parçası olduğunu çabucak öğrenirler. Akıllıca seçimler yaparak bazı durumları daha kötü hale getirmemeyi öğrenebileceğimiz doğru olsa da hayatta kontrolümüzün çok az olduğu veya hiç olmadığı birçok şey vardır. Stres hayatın bir parçasıdır, insan olmanın bir parçasıdır, insanlık halinin özünde mevcuttur. Ancak bu hayatımızdaki büyük güçler karşısında mağdur olmamız gerektiği anlamına gelmez. Bununla çalışmayı, bunu anlamayı, bunda bir anlam bulmayı, önemli seçimler yapmayı ve bunun enerjisini güç, bilgelik ve şefkatle gelişmek için kullanmayı öğrenebiliriz. Tüm meditasyon uygulamalarının özünde olanı kucaklamak ve bununla çalışmak için bir istek yatar.

Bilinçli farkındalığın nasıl işlediğini gözünüzde canlandırmanın bir yolu da zihninizi bir gölün ya da okyanusun yüzeyi gibi düşünmektir. Suyun yüzeyinde her zaman dalgalar vardır. Bu dalgalar bazen büyük, bazen küçük, bazen de neredeyse hissedilemez olur. Dalgalar gelip giden, yönü ve şiddeti değişen rüzgârlar ile hareketlenir, tıpkı hayatımızdaki stres ve değişim rüzgârlarının zihnimizde yarattığı dalgalar gibi.

Meditasyonu anlamayan insanlar, meditasyonun bu dalgaları sihirli bir şekilde durduracak ve böylece zihin yüzeyinin pürüzsüz, huzurlu ve sakin olmasını sağlayacak bir tür özel içsel manipülasyon olduğunu düşünürler. Ancak nasıl ki dalgaları sakinleştirmek için suyun üzerine cam bir tabak koyamıyorsanız, zihninizin dalgalarını da yapay bir şekilde bastıramazsınız. Bunu denemek pek de akıllıca değildir. Bu sadece daha fazla gerginlik ve içsel çatışma yaratacaktır. Bu, sakinliğin ulaşılamaz olduğu anlamına gelmez.

Sadece zihnin doğal faaliyetini bastırmaya yönelik yanlış girişimlerle bunun elde edilemeyeceği anlamına gelir.

Meditasyon yoluyla zihni çalkalayan rüzgârların çoğundan korunmak mümkündür. Bunları sürekli beslemediğimiz için zamanla bu türbülansın büyük bir kısmı azalabilir. Ancak ne yaparsak yapalım, yaşamın ve zihnin rüzgârları eninde sonunda esecektir. Meditasyon bununla ilgili bilgi sahibi olmak ve bunlarla nasıl başa çıkılacağını bilmektir.

Yetmişli yaşlarda bir yogi olan Swami Satchitananda'nın bembeyaz sakalı ve uçuşan cübbesiyle Hawaii sahilinde dalgalar arasında sörf yaparken resmedildiği bir poster, bilinçli farkındalık pratiğinin özünü çok güzel bir şekilde yansıtır. Posterde şöyle yazar: "Dalgaları durduramazsınız ama sörf yapmayı öğrenebilirsiniz."

Herkes Meditasyon Yapabilir mi?

Bu soru bana çok soruluyor. Sanırım insanlar bunu herkesin meditasyon yapabildiğini ama kendilerinin yapamadığını düşündükleri için soruyorlar. Yalnız olmadıklarına, en azından kendilerini özdeşleştirebilecekleri başka insanlar olduğuna, doğuştan meditasyon yapamayan talihsiz ruhlar olduğuna dair güvence almak istiyorlar. Ama bu o kadar basit değil.

Meditasyon yapamadığınızı düşünmek nefes alamadığınızı, konsantre olamadığınızı ya da rahatlayamadığınızı düşünmeye benzer. Hemen hemen herkes kolaylıkla nefes alabilir. Ve doğru koşullar altında hemen hemen herkes konsantre olabilir ve rahatlayabilir.

İnsanlar genellikle meditasyonu gevşemeyle ya da ulaşmanız veya hissetmeniz gereken başka bir özel durumla karıştırır. Meditasyonu bir ya da iki kez deneyip hiçbir yere varamadığınızda ya da özel bir şey hissetmediğinizde bunu yapamayan insanlardan biri olduğunuzu düşünürsünüz.

Ancak meditasyon belirli bir şekilde hissetmekle ilgili değildir. Hissettiğiniz şeyi hissetmekle ilgilidir. Bu, zihni boş veya dingin hale getirmekle ilgili değildir fakat dinginlik meditasyonda derinleşir ve sistematik olarak geliştirilebilir. Meditasyon her şeyden önce zihni kendi haline bırakmak ve şu an içinde bulunduğu durum hakkında bilgi sahibi olmaktır. Başka bir yere varmakla değil, halihazırda bulunduğunuz yerde kalmanıza izin vermekle ilgilidir. Bunu anlamazsanız, doğanız gereği meditasyon yapamadığınızı düşünürsünüz. Ancak bu sadece daha fazla düşünmektir ve bu durumda da yanlış düşünmektir.

Doğru, meditasyon çaba ve buna bağlı kalmak için kararlılık gerektirir. Öyleyse "Bunu yapamıyorum," yerine "Buna devam etmeyeceğim," demek daha doğru olmaz mı? Herkes oturup nefesini ya da zihnini izleyebilir. Hatta oturmak zorunda bile değilsiniz. Yürüyebilir, ayakta durabilir, uzanabilir, tek ayak üzerinde durabilir, koşabilir ya da duş alabilirsiniz. Ancak bunu beş dakika bile sürdürmek niyetlilik gerektirir. Bunu hayatınızın bir parçası haline getirmekse biraz disiplin gerektirir. Bu yüzden insanlar meditasyon yapamadıklarını söylediklerinde aslında meditasyon için zaman ayırmadıklarını ya da meditasyonu denerken olanlardan hoşlanmadıklarını söylemek isterler. Aradıkları ya da bulmayı umdukları şey bu değildir. Bu beklentilerini karşılamamaktadır. O zaman belki de bu sefer beklentilerini bir kenara bırakıp, sadece izleyerek tekrar denemelilerdir.

Eylemsizliğe Övgü

Meditasyon yapmak için bir an bile olsa oturduğunuzda, bu bir eylemsizlik vakti olacaktır. Bu eylemsizlik halinin hiçbir şey yapmamakla eş anlamlı olmadığını anlamak önemlidir. Bu ikisi gerçekten birbirlerinden çok farklıdır. Burada bilinç ve niyet fark yaratır. Esasen bunlar kilit noktalardır.

Yüzeysel olarak bakınca iki tür eylemsizlik hali varmış gibi görünür. Biri dışa dönük hiçbir eylemde bulunmamaktır, diğeri ise zahmetsiz faaliyet olarak adlandırabileceğimiz şeydir. Nihayetinde bu ikisinin aynı olduğunu anlarız. Burada önemli olan içsel deneyimdir. Genelde resmi meditasyon pratiği olarak adlandırdığımız şey her bir anda tamamen mevcut olmaktan başka bir amaç gütmeden, kasıtlı olarak tüm dışsal faaliyetleri durdurmayı, dinginliği geliştirmek için zaman ayırmayı ve hiçbir şey yapmamayı içerir. Bu tür eylemsizlik anları belki de kişinin kendisine verebileceği en büyük hediyedir.

Thoreau sık sık kapısının önünde saatlerce oturur ve güneş gökyüzünde hareket ederken, ışık ve gölgeler usulca değişirken sadece izler ve dinlerdi:

> Öyle zamanlar oldu ki şimdiki anın güzelliğini hiçbir iş için feda etmeyi göze alamadım. Hayatımda sınırların geniş olmasını seviyorum. Bazen bir yaz sabahında her zamanki gibi banyomu yaptıktan sonra güneşin doğuşundan öğlene kadar çamların, cevizlerin ve sumakların arasında, kuşlar etrafta ötüşürken ya da evin içinde sessizce uçuşurken sonsuz bir yalnızlık ve sükunet içinde güneşli kapı önünde otururdum. Ta ki batı tarafındaki penceremden içeri giren güneş ya da uzaktaki otoyoldan gelen bir araba gürültüsü bana zamanın geçtiğini hatırlatıncaya kadar… O mevsimlerde bir mısır gibi büyürdüm ve bu, ellerle yapılan herhangi bir işin olabileceğinden çok daha iyiydi. Bunlar ömrümden eksilen zamanlar değildi, aksine normalde elimde olanın çok üstündeydiler. Doğuluların tefekkür ve çalışmayı terk etmekle ne kastettiklerini

anladım. Çoğunlukla saatlerin nasıl geçtiğini umursamıyordum. Gün sanki bazı çalışmalarımı aydınlatır gibi ilerliyordu: Sabahtı, akşam oldu ve kayda değer hiçbir şey yapılmadı. Kuşlar gibi şakımak yerine, süregelen talihim karşısında sessizce gülümsedim. Kapımın önündeki ceviz ağacında oturan serçenin ötüşleri gibi, benim de onun yuvamdan duyulabileceği kıkırdamalarım ya da bastırılmış cıvıltılarım vardı.

THOREAU, *Walden*

DENEYİN: Eğer günlük bir meditasyon pratiğiniz varsa, bunu yaparken şimdiki anın güzelliğini fark edin. Sabah erken kalkıyorsanız dışarı çıkmayı ve yıldızlara, aya, şafak sönerken doğan ışığa bakmayı (sürekli, farkındalıklı, dikkatli bir bakışla) deneyin. Havayı, soğuğu, sıcaklığı (sürekli, farkındalıklı, dikkatli bir şekilde) hissedin. Etrafınızdaki dünyanın uyuduğunu fark edin. Yıldızları gördüğünüzde, zamanda milyonlarca yıl geriye baktığınızı hatırlayın. Geçmiş; şimdi ve burada mevcuttur. Ardından oturun ya da uzanarak meditasyon yapın. Bu anın ya da pratik yaptığınız herhangi bir anın sadece dinginlik ve bilinçli farkındalık içinde yaşadığınız, şimdinin anbean ortaya çıkışına katıldığınız, "İşte bu kadar," diyerek kabul edip buna hiçbir şey eklemediğiniz ve bundan hiçbir şey çıkarmadığınız her şeyi bırakma ve "olma" moduna geçme zamanınız olmasına izin verin.

Eylemsizlik Paradoksu

Kültürümüz eyleme ve ilerlemeye çok fazla değer verdiğinden, bizim için eylemsizliğin lezzetini ve katıksız keyfini kavramak zordur. Boş zamanlarımızda bile meşgul ve farkındalıktan uzak olma eğilimindeyiz. Eylemsizliğin verdiği keyif, bu anın tamamlanması için başka hiçbir şeye gerek olmamasından kaynaklanır. Bundaki bilgelik ve bundan kaynaklanan sükûnet, başka bir şeyin mutlaka gerçekleşeceğini bilmekte yatar.

Thoreau "Sabahtı, akşam oldu ve kayda değer hiçbir şey yapılmadı," dediğinde bu, ilerleme odaklı insanlar için âdeta bir boğanın önünde kırmızı bayrak sallamak gibi bir etki yapar. Ama Thoreau'nun kapısının önünde geçirdiği bir sabahta farkına vardığı şeylerin; dinginliğin ve şimdiki anın güzelliğinin kıymeti bilinmeden yaşanmış meşguliyetle dolu bir ömürden daha değersiz olduğunu kim söyleyebilir?

Thoreau o zaman olduğu gibi günümüzde de duyulması gereken bir şarkı söylüyordu. O bugüne kadar dinlemeye istekli herkes için tefekkürün ve varoluşun katıksız keyfi dışında herhangi bir sonuca bağlanmamanın derin önemine işaret etmektedir. Bunların hepsi "ellerin yapacağı herhangi bir işten çok daha iyidir." Bu görüş yaşlı bir Zen ustasının şu sözlerini hatırlatır: "Ho ho. Kırk yıldır nehir kenarında su satıyorum ve çabalarım tamamen boşa çıkıyor."

Burada çok bariz bir paradoks var. Değerli bir şey yapabilmenin tek yolu, çabanın eylemsizlikten kaynaklanması ve bunun işe yarayıp yaramayacağını umursamayı bırakmaktır. Aksi takdirde bencillik ve açgözlülük araya girerek çalışmayla ya da çalışmanın kendisiyle olan ilişkinizi bozabilir. Bu durumda çalışma iyi olsa bile bir şekilde yanlış, önyargılı, kirlenmiş ve nihayetinde tatmin edici olmayan bir hale gelebilir. Başarılı bilim insanları bu zihin durumunu bilir ve yaratıcı süreci engellediği ve kişinin bağlantıları net bir şekilde görme yeteneğini bozduğu için buna karşı tedbir alır.

Hareket Halinde Eylemsizlik

Eylemsizlik hali durgunlukta olduğu kadar hareketin içinde de ortaya çıkabilir. Yapanın içsel sessizliği dışarıdaki etkinlikle o kadar birleşir ki hareket kendiliğinden gerçekleşir. Bu zahmetsiz bir etkinlik halini alır. Hiçbir şey için zorlanmaz. İrade kullanılmaz. Bir sonuç üzerinde hak iddia etmek amacıyla küçük düşünen bir "ben" veya "benim" yoktur ancak hiçbir şey yarım kalmaz. Eylemsizlik, herhangi bir etkinlik alanında ustalığın temel taşıdır. İşte üçüncü yüzyıl Çininden buna dair bir ifade:

Prens Wen Hui'nin aşçısı
Bir öküzü parçalıyordu.
Bir el dışarı çıktı,
Bir omuz aşağı indi,
Bir ayağını yere bastı,
Dizi ile bastırdı,
Öküz parçalandı
Bir fısıltıyla,
Parlak bıçak mırıldandı
Nazik bir rüzgâr gibi.
Ritim! Zamanlama!
Kutsal bir dans gibi,
Bir şarkı gibi
Kadim akorlar gibi!

"Güzel iş!" diye haykırdı Prens,
"Yöntemin kusursuz!"
"Yöntem mi?" dedi aşçı,
Bıçağını bir kenara bırakarak,
"Benim izlediğim şey Tao'dur
Bütün yöntemlerin ötesindedir o!"

"Öküzleri parçalamaya ilk başladığımda
Tüm öküzü
Bütün olarak önümde görürdüm.

Üç yıl sonra
Bu bütünü artık görmüyordum.
Ayrımları görüyordum."

"Ama şimdi hiçbir şey görmüyorum gözlerle
Tüm varlığım anlıyor.
Duyularım duruyor.
Ruh plan olmaksızın özgürce çalışır
İçgüdülerini izler
Doğal çizgi tarafından yönlendirilir,
Gizli açıklığa, saklı boşluğa doğru
Bıçağım kendi yolunu bulur.
Hiçbir ekleme saplanmaz, kemiği kesmez."

"Eklemlerde boşluklar vardır;
Bıçak ince ve keskindir:
Bu incelik
O boşluğu bulduğunda
İhtiyacınız olan tüm alan zaten oradadır!
Rüzgâr gibi geçer gider!
Bu yüzden bu bıçak on dokuz yıldır
Yeni gibi duruyor!"

"Evet, bazen
Zorlu eklemler olur. Onları hissederim,
Yavaşlarım, yakından izlerim,
Geri dururum, bıçağı neredeyse hareket ettirmeden,
Ve puf! parça düşer
Bir toprak parçası gibi iner."

"Sonra bıçağı geri çekerim,
Hareketsiz dururum
Ve işin sevincinin
İçime işlemesine izin veririm.
Bıçağı temizlerim

Ve kaldırırım."
Prens Wen Hui bunun üzerine şöyle dedi:
"İşte bu! Aşçım bana gösterdi
Kendi hayatımı
nasıl yaşamam gerektiğini!"

CHUANG TZU

Eylemsizliği Pratik Etmek

Eylemsizlik, tembel veya pasif olmakla ilgili değildir. Hatta bunun tam tersidir. Hem hareketsizken hem de hareket halindeyken eylemsizliği öğrenmek büyük cesaret ve enerji gerektirir. Eylemsizlik hali için özel bir zaman ayırmak ve hayatımızda yapılması gereken onca şey varken buna devam etmek de kolay değildir.

Ancak eylemsizlik, her zaman bir şeyleri halletmek zorunda olduklarını düşünen insanlar için korkutucu olmak zorunda değildir. Bu kişiler eylemsizlik pratiği yaptıklarında daha fazla şey "hallettiklerini" ve daha iyi iş çıkardıklarını görebilirler. Eylemsizlik basitçe her şeyi oluruna bırakmak ve bunların kendi yolunda akmasına izin vermek anlamına gelir. Bunun için muazzam bir çaba gerekebilir ancak bu çaba zarif, bilgili, zahmetsiz bir çabadır; bu bir ömür boyunca geliştirilen "yapan kişi olmadan yapma" durumudur.

Dansta ve sporda performansın en üst seviyeye çıktığı anlarda zahmetsiz etkinlik gerçekleşir ve gerçekleştiğinde de herkesin nefesini keser. Ancak bu aynı zamanda boyacılıktan araba tamirine ve ebeveynliğe kadar insan faaliyetlerinin her alanında görülür. Yıllar süren pratik ve deneyim belli durumlarda bir araya gelerek uygulamayı tekniğin, eforun ve düşüncenin ötesine geçiren yeni bir kapasite ortaya çıkarır. Eylem o zaman sanatın, var olmanın, her şeyi bırakmanın saf bir ifadesi haline gelir; zihnin ve bedenin hareket halinde birleşmesini sağlar. İster atletik ister sanatsal olsun, mükemmel bir performansı izlerken heyecan duyarız zira bu bize gerçek ustalığın büyüsüne dâhil olma, kısa bir süreliğine de olsa yücelme ve belki de her birimizin kendi yaşamımızda bu tür zarafet ve uyum anlarına dokunabilme isteğini paylaşma imkânı sunar.

Thoreau şöyle der: "Günün niteliğini etkilemek, sanatların en yücesidir." Martha Graham, dans sanatından bahsederken bunu şu şekilde ifade etmiştir: "Önemli olan tek şey hareketteki o tek andır. Bu anı hayati ve yaşamaya değer kılın. Bunun fark edilmeden ve kullanılmadan elinizden kayıp gitmesine izin vermeyin."

Hiçbir meditasyon ustası bunu daha iyi dile getiremezdi. Eylemsizliğin gerçekten de ömür boyu sürecek bir iş olduğu bilinciyle kendimizi bu işe adayabiliriz. Aynı zamanda genellikle içimizdeki yapma modunun çok güçlü olduğunun ve kulağa ironik gelse de eylemsizliği öğrenmenin hatırı sayılır bir çaba gerektirdiğinin farkına varmalıyız.

Meditasyon, eylemsizlik pratiği ile eş anlamlıdır. Bir şeyleri mükemmelleştirmek veya mükemmel bir şekilde yapmak için pratik yapmıyoruz. Aksine her şeyin zaten mükemmel, kusursuz olduğu gerçeğini kavramak ve idrak etmek (bunu kendimiz için gerçek kılmak) için pratik yapıyoruz. Bu şimdiki anı ona fazladan bir şey yüklemeden, saflığını ve bir sonraki anı doğurma potansiyelini algılayarak tüm doluluğuyla yakalamakla ilgilidir. Sonra neyin ne olduğunu bilerek, bunu mümkün olduğunca net görerek ve gerçekte bildiğimizden daha fazlasını bilmediğimizin bilincinde olarak harekete geçer, bir hamle yapar, bir tavır alır, bir fırsat yaratırız. Bazı insanlar bundan akış olarak bahseder; bu bir anın bir sonrakine sorunsuzca, zahmetsizce akması, bilinçli farkındalığın akıntısına kapılmasıdır.

DENEYİN: Gün boyunca her anda; sıradan olanlarda, "arada kalanlarda" ve hatta zor olanlarda bile şimdiki anın güzelliğini fark edip edemediğinize bakın. Zorlamadan ve ne olması "gerektiği" konusundaki fikirlerinizle örtüşmeyenleri reddetmeden hayatınızda daha fazla şeyin ortaya çıkmasını sağlamak için çalışın. Chuang Tzu'nun aşçısının gösterdiği yolda, çaba sarf etmeden hareket edebileceğiniz "boşlukları" hissedip hissedemeyeceğinize bakın. Günün erken saatlerinde belirli bir amaç olmadan sadece var olmak için biraz zaman ayırabilirseniz, bunun gününüzün geri kalanının niteliğini nasıl etkilediğini fark edin. Önce kendi varlığınızda neyin öncelikli olduğunu doğrulayarak, tüm güne bilinçli farkındalıkla başlayıp başlamadığınızı ve her anın güzelliğini algılama, takdir etme ve buna karşılık verme konusunda daha kabiliyetli olup olmadığınızı görün.

Sabır

Belirli tutumlar veya zihinsel özellikler meditasyon pratiğini destekler ve bilinçli farkındalığın yeşerebileceği zengin bir toprak sağlar. Bu özellikleri bilinçli bir şekilde geliştirerek aslında kendi zihnimizin toprağını işler ve bunun yaşamımızda netlik, şefkat ve doğru eylem kaynağı olarak işlev görmesini sağlarız.

Meditasyon pratiğini destekleyen bu içsel nitelikler dayatılamaz, kanunlaştırılamaz veya hükme bağlanamaz. Bunlar yalnızca geliştirilebilir. Bu da ancak içsel motivasyonunuz, kendinizin ve başkalarının ıstırabına ve kafa karışıklığına katkıda bulunmamaya karar verecek kadar güçlü bir noktaya ulaştığında mümkün olur. Bu, etik davranmak anlamına gelir ki bu da pek çok çevrede fazlasıyla karalanan bir kavramdır.

Radyoda birinin etiği "uygulanamayacak olana itaat" olarak tanımladığını duydum. Fena değildi. Bu içsel nedenlerle yapılan bir şeydir, birileri çetele tuttuğu için ya da kuralları çiğnediğinizde yakalanırsanız cezalandırılacağınız için değil. Kendi bildiğiniz yolda ilerlersiniz. Bilinçli farkındalığın gelişmesi için işlenen şeyin içsel bir toprak olması gibi, burada dâhil olduğunuz şey de içsel bir rehberliktir. Ancak etik davranışa bağlılık göstermeden uyuma sahip olamazsınız. Bu bahçenizde yeşermeyi bekleyen tüm taze filizleri yiyecek keçileri dışarıda tutan bir çittir.

Ben sabrı bu temel etik tutumlardan biri olarak görüyorum. Sabır geliştirirseniz, bilinçli farkındalığı da geliştirmekten kendinizi alamazsınız ve meditasyon pratiğiniz giderek daha zengin ve olgun hale gelir. Neticede şu anda gerçekten başka bir yere varmaya çalışmıyorsanız, sabır kendi kendine gelir. Bu her şeyin kendi zamanında geliştiğini hatırlamaktır. Mevsimler aceleye getirilemez. Bahar gelir, çimenler kendiliğinden büyür. Aceleci olmak genellikle işe yaramaz ve bazen bize, bazen de etrafımızdakilere büyük acılar yaşatabilir.

Sabır, zihnin kendine özgü huzursuzluğuna ve sabırsızlığına karşı her zaman mevcut olan bir alternatiftir. Sabırsızlığın yüzeyini kazıdığınızda altında yatan şeyin öfke olduğunu göreceksiniz. Bu öfke bazen gizli, bazense daha belirgindir. Bu her şeyi olduğu gibi kabul etmemenin ve bu durum nedeniyle birini (genellikle kendinizi) ya da bir şeyi suçlamanın getirdiği güçlü bir enerjidir. Bu mecbur kaldığınızda acele edemeyeceğiniz anlamına gelmez. Hatta bunu yapmayı seçtiğiniz için sabırla, bilinçli farkındalıkla acele ve hızlı hareket etmek de mümkündür.

Sabır perspektifinden bakıldığında her şey, başka şeyler gerçekleştiği için gerçekleşir. Hiçbir şey birbirinden ayrı ve izole değildir. "Yolun sonu", "son nokta" denebilecek mutlak bir kök neden yoktur. Biri size bir sopayla vurursa, sopaya ya da onu sallayan kola kızmazsınız; kolun bağlı olduğu kişiye kızarsınız. Ancak biraz daha derine baktığınızda, gerçekten de ne yaptığını bilmeyen ve bu nedenle anlık olarak aklını kaçırmış bu kişide bile öfkenizi yönelteceğiniz tatmin edici bir kök neden ya da alan bulamazsınız. Suç ya da ceza nerede yatar? Belki de savunmasız bir çocuğu istismar ettiği için kişinin ebeveynine kızmalıyız. Ya da merhametsizliği nedeniyle dünyaya… Ama dünya nedir? Siz de bu dünyanın bir parçası değil misiniz? Siz öfke dürtülerinden muaf mısınız? Siz de bazı koşullar altında kendinizi şiddet içeren, hatta öldürücü dürtülerle temas halinde bulmuyor musunuz?

Çin hükümetinin politikası yıllardır Tibetlilere soykırım uygulamak, kurumlarına, inançlarına ve değerlerine karşı kültürel bir katliam ve üzerinde yaşadıkları topraklara karşı coğrafi saldırı yapmak olmasına rağmen Dalai Lama Çinlilere karşı hiçbir öfke göstermez. Dalai Lama, Nobel Barış Ödülü'nü kazandığında kuşkucu bir muhabir ona Çinlilere karşı görünürde öfke duymamasıyla ilgili bir soru yöneltmiştir. O da şu şekilde yanıtlamıştır: "Bizden her şeyimizi aldılar, zihnimi de almalarına izin mi vereyim?"

Bu tutum başlı başına dikkate değer bir barış ve huzur göstergesidir: en esas olanı bilmenin getirdiği içsel huzur ve bu bilgeliği taşıma ve eylemle somutlaştırmanın getirdiği dışsal huzur. Huzur ve böylesine muazzam bir provokasyon ve acı karşısında sabırlı olma isteği ancak şefkatin içsel olarak geliştirilmesiyle mümkün olabilir. Bu şefkat sadece dostlarla sınırlı olmayan; cehaletten dolayı sizin ve sevdiklerinizin acı çekmenize neden olabilecek ve genellikle kötü olarak görülen kişiler için de aynı derecede hissedilebilen bir şefkattir.

Bu derece özverili bir şefkat Budistlerin "doğru farkındalık" ve "doğru anlayış" dediği şeye dayanır. Bu kendiliğinden ortaya çıkmaz. Pratik edilmesi ve geliştirilmesi gerekir. Buradaki mesele öfke duygusunun ortaya çıkmaması değil; öfke enerjisinin kendimizde ve belki de başkalarında sabrı, şefkati, uyumu ve bilgeliği besleyebilmesi için kullanılabilmesi, üzerinde çalışılabilmesi ve dizginlenebilmesidir.

Meditasyon yapmak için her oturduğumuzda ve durup kendi nefes akışımızın farkına vardığımızda sabır niteliğini geliştiririz. Ve yaşadığımız anlara karşı daha açık, daha temas halinde ve daha sabırlı olmamıza yönelik bu davet, doğal olarak hayatımızın diğer anlarına da yayılır. Her şeyin kendi doğasına uygun şekilde geliştiğini biliyoruz. Hayatımızın da aynı şekilde gelişmesine izin vermeyi hatırlayabiliriz. Yaşadıklarımız acı verici olsa bile, endişelerimizin ve belirli sonuçlara karşı olan arzularımızın anın niteliğine hükmetmesine izin vermek zorunda değiliz. İtmemiz gerektiğinde iteriz. Çekmemiz gerektiğinde çekeriz. Ancak ne zaman itmeyeceğimizi ve ne zaman çekmeyeceğimizi de biliriz.

Tüm bunlarla birlikte, sabırda bilgeliğin yattığını anlayarak ve bir sonraki adımın büyük ölçüde şu anda nasıl olduğumuza göre belirleneceğini bilerek şimdiki ana denge getirmeye çalışırız. Meditasyon pratiğimizde sabırlı olamadığımızda veya yaşamımızda hüsrana uğradığımızda, sabırsızlandığımızda ve öfkelendiğimizde bunu aklımızda tutmamız faydalı olacaktır.

Beklemek için sabrınız var mı
çamur çökene ve su berraklaşana kadar?
Hareket etmeden kalabilir misiniz
doğru eylem kendiliğinden ortaya çıkana kadar?

LAO-TZU, *Tao-te-Ching*

Olduğum gibiyim, bu yeterli,
Dünyada başka kimse farkında olmasa da ben memnun

bir şekilde otururum
Ve başka herkes farkında olsa da ben memnun bir şekilde otururum.

Tek bir dünya farkında ve o benim için açık ara en büyüğü, bu benim
Ve ister bugün ister on bin ya da on milyon yıl sonra kendime gelecek olsam da
Şimdi bunu neşeyle kabul edebilirim veya aynı neşeyle bekleyebilirim.

WALT WHITMAN, *Leaves of Grass*

DENEYİN: Sabırsızlık ve öfke ortaya çıktığında, bunları inceleyin. Olayların kendi tempolarında geliştiğini kabul eden farklı bir bakış açısı benimseyip benimseyemeyeceğinize bakın. Bu özellikle kendinizi baskı altında hissettiğinizde ve yapmak istediğiniz ya da yapmanız gereken bir şeyde tıkandığınızda ya da engellendiğinizde faydalı olacaktır. Her ne kadar zor görünse de o anda akışı zorlamamaya çalışın, bunun yerine onu dikkatle dinleyin. Size ne söylüyor? Size ne yapmanızı söylüyor? Hiçbir şey söylemiyorsa nefes alın, her şeyi olduğu gibi bırakın, sabredin ve dinlemeye devam edin. Eğer akış size bir şey söylüyorsa, o zaman bunu bilinçli farkındalıkla yapın. Sonra durun, sabırla bekleyin, tekrar dinleyin.

Resmi meditasyon pratiği sırasında nefesinizin yumuşak akışına kendinizi bırakırken zihninizin ara sıra başka bir şeyle ilgilenmek, süreyi tamamlamak veya durumu değiştirmek için sizi zorladığını fark edin. Bu zamanlarda kendinizi kaybetmek yerine sabırla ve her bir anda ortaya çıkan şeylere karşı keskin bir farkındalıkla nefesinizle durmaya çalışın; bunlara hiçbir şey empoze etmeden oldukları gibi ortaya çıkmalarına izin verin. Sadece izleyin, sadece nefes alın... Dinginliği somutlaştırın, sabırlı olun.

Bırakmak

"Bırakmak" ifadesi bu yüzyıla ait New Age klişeleri arasında en popülerlerinden biridir. Bu ifade aşırı kullanılıyor ve her gün yanlış yorumlanıyor. Ancak bu öylesine güçlü bir içsel hamledir ki klişe olsun ya da olmasın, incelenmeyi hak eder. Bırakma pratiğinden öğrenilecek son derece önemli bir şey vardır.

Bırakma eyleminin adı üzerindedir. Bu herhangi bir şeye (bir fikir, şey, olay, belirli bir zaman, bir görüş veya arzu) tutunmayı bırakmaya davettir. Şimdiki anların akışına tam bir kabulle kendinizi bırakmak için bilinçli bir karardır. Bırakmak; isteme, hoşlanma ya da hoşlanmama inatçılığına kapılmadan her şeyin olduğu gibi olmasına izin vermenizle ortaya çıkan daha güçlü ve daha faydalı bir şey karşılığında zorlamaktan, direnmekten ya da mücadele etmekten vazgeçmek anlamına gelir. Bu elinizde tuttuğunuz herhangi bir şeyi bırakmak niyetiyle avucunuzu açmaya benzer.

Ancak bizi tutan şey yalnızca dışsal olaylarla ilgili arzularımızın inatçılığı değildir. Ya da sadece ellerimizle tutunmamız da değildir. Zihnimizle de tutunuruz. Çoğu zaman dar görüşlere, çıkarımıza hizmet eden umutlara ve isteklere çaresizce tutunarak kendimizi köşeye sıkıştırırız. Bırakmak aslında kendi beğendiklerimizin ve beğenmediklerimizin güçlü çekimine ve bizi bunlara tutunmaya iten bilinçsizliğe karşı şeffaf olmayı seçmek anlamına gelir. Şeffaf olmak, korkuların ve güvensizliklerin tam farkındalık alanında kendilerini göstermelerine izin vermeyi gerektirir.

Bırakmak ancak ne kadar sıkışıp kaldığımıza dair farkındalık ve kabul sağlayabilirsek; görüşümüzü filtreleyip renklendiren, büken ve şekillendiren mercekleri fark edebilirsek mümkün olur. Özellikle bu sıkışık anları farkındalıkla yakalayabilirsek ve kendi çıkarlarımızı gözeterek bunların peşinden koşmaya ve tutunmaya veya bunları kınamaya ve reddetmeye kapıldığımızda bunu fark edebilirsek, bu anlarda kendimizi açabiliriz.

Dinginlik, içgörü ve bilgelik ancak hiçbir şeyi aramak, tutunmak ya da reddetmek zorunda kalmadan şimdiki anda tam olmaya karar verebildiğimizde ortaya çıkar. Bu kanıtlanabilir bir önermedir. Eğlence olsun diye bunu deneyin. Bir parçanız gerçekten tutunmak istediğinde, bırakmanın tutunmaktan daha derin bir tatmin getirip getirmediğini kendiniz görün.

Yargılamamak

Meditasyon yaparken zihnimizin bir kısmının deneyimlerimizi sürekli olarak değerlendirdiğini, onları diğer deneyimlerle veya genellikle korkudan dolayı yarattığımız beklentiler ve standartlarla karşılaştırdığını görürüz. Yeterince iyi olmadığımızdan, kötü şeyler olacağından, iyi şeylerin uzun sürmeyeceğinden, başkalarının bizi incitebileceğinden, istediğimizi elde edemeyeceğimizden, her şeyi bilen veya hiçbir şeyi bilmeyen tek kişi olmaktan korkarız. Olayları bir şeyin bizim için iyi mi yoksa kötü mü olduğuna ya da inançlarımıza veya felsefemize uyup uymadığına göre farklı renkteki merceklerden görme eğilimindeyiz. Eğer iyiyse, hoşumuza gider. Eğer kötüyse, hoşumuza gitmez. İkisi de değilse, şu ya da bu şekilde hiçbir şey hissetmeyiz ve belki de farkına bile varmayız.

Dinginlik içinde kaldığınızda yargılayıcı zihin bir alarm gibi bağırmaya başlayabilir. *Dizlerimdeki ağrıdan hoşlanmıyorum... Bu çok sıkıcı... Bu durgunluk hissini seviyorum; dün iyi bir meditasyon yaptım ama bugün pek iyi geçmiyor... Bu bende işe yaramıyor. Bu işte iyi değilim. İyi değilim, nokta.* Bu tür bir düşünme biçimi zihne hâkim olur ve onu aşağı çeker. Bu durum kafanızın üzerinde taş dolu bir bavul taşımaya benzer. Onu yere bırakmak iyi hissettirecektir. Tüm yargılarınızı askıya almanın ve bunun yerine her anı "iyi" ya da "kötü" olarak değerlendirmeye çalışmadan olduğu gibi kabul etmenin nasıl bir his olabileceğini hayal edin. Bu gerçek bir dinginlik, gerçek bir özgürlük olurdu.

Meditasyon, ne olursa olsun zihinde ortaya çıkan şeylere karşı yargılayıcı olmayan bir tutum geliştirmek anlamına gelir. Bu tutum olmadan meditasyon yapamazsınız. Bu, yargılamanın devam etmeyeceği anlamına gelmez. Zihnin doğasında karşılaştırmak, yargılamak ve değerlendirmek olduğu için bu da elbette olacaktır. Yargılama gerçekleştiğinde, tıpkı zihnimizden geçebilecek diğer düşünceleri durdurmaya çalışmadığımız gibi, bunu da durdurmaya veya görmezden gelmeye çalışmayız.

Meditasyonda izlediğimiz yol zihinde ya da bedende ortaya çıkan her şeye tanık olmak ve yargılarımızın kaçınılmaz olduğunu ve deneyimle ilgili sınırlayıcı düşüncelerden oluştuğunu bilerek bunları kınamadan ya da peşine düşmeden tanımaktır. Meditasyonda odaklandığımız şey deneyimin kendisiyle (bir nefes, bir duyum veya his, bir ses, bir dürtü, bir düşünce, bir algı veya bir yargı) doğrudan temas kurmaktır. Ve yargılamanın kendisini yargılamaya ya da bazı yargıları iyi diğerlerini kötü olarak etiketlemeye kapılma olasılığına karşı dikkatli olmaya devam ederiz.

Düşüncelerimiz tüm deneyimlerimizi şekillendirse de çoğu zaman tamamen doğru olmazlar. Bunlar genellikle sınırlı bilgiye dayanan ve esas olarak geçmiş koşullanmalarımızdan etkilenen dayanaksız kişisel görüşler, tepkiler ve önyargılardır. Yine de bu şekilde algılanıp adlandırılmadıklarında düşüncelerimiz şimdiki anı net bir şekilde görmemizi engelleyebilir. Ne gördüğümüzü ve hissettiğimizi bildiğimizi düşünürüz ve yargılarımızı gördüğümüz her şeye yansıtırız. Sadece bu yerleşik alışkanlığa aşina olmak ve bunu olduğu haliyle izlemek bile daha az yargılayıcı anlayışa ve kabullenişe yol açabilir.

Yargılayıcı olmayan bir yönelim kesinlikle toplum içinde nasıl hareket edeceğinizi veya sorumlu davranacağınızı bilmeyeceğiniz veya herhangi birinin yaptığı herhangi bir şeyin uygun görüleceği anlamına gelmez. Sadece bizi dünyadan ve kendi varlığımızın saflığından ayıran bilinçsiz bir hoşlanma ve hoşlanmama akımına kapıldığımızı bilirsek, kendi yaşamımızda çok daha net bir şekilde hareket edebileceğimiz ve eylemlerimizde daha dengeli, daha etkili ve daha etik olabileceğimiz anlamına gelir. Hoşlanma ve hoşlanmama zihin durumları içimizde kalıcı bir yer edinebilir ve yaşamın her alanında bağımlılık yaratan davranışları bilinçsizce besleyebilir. Zihnin hoşumuza giden şeyleri ya da neticeleri sürekli olarak istemesindeki ve bunların peşinden gitmesindeki açgözlülük veya arzu tohumlarını ve hoşumuza gitmeyen şeyleri reddetmemize ya da bunlardan kaçınmak için hamle yapmamıza neden olan nefret veya tiksinti tohumlarını fark edip adlandırabildiğimizde, bu bir an için durmamızı sağlar ve bize bu tür güçlerin zihnimizde neredeyse her zaman şu ya da bu ölçüde iş başında olduğunu hatırlatır. Bunların, olayları gerçekte olduğu gibi görmemizi ve gerçek potansiyelimizi harekete geçirmemizi engelleyen kronik, virüs benzeri bir toksisiteye sahip olduklarını söylemek abartı olmaz.

Güven

Güven, olayların düzen ve bütünlük içeren güvenilir bir çerçeve içinde gelişebileceğine dair bir eminlik veya inanç duygusudur. Bize veya bir başkasına ne olduğunu veya belirli bir durumda neler yaşandığını her zaman anlayamayabiliriz ancak kendimize veya bir başkasına ya da bir sürece veya bir ideale güvenirsek, bir şekilde sezgisel olarak bize rehberlik eden ve bizi zarar görmekten veya kendimize zarar vermekten koruyan denge ve açıklık içeren güçlü bir sabitleyici unsur bulabiliriz.

Bilinçli farkındalık pratiğinde güven duygusunu geliştirmek önemlidir çünkü gözlemleme, açık ve dikkatli olma, deneyim üzerine düşünme, gözlemleyerek ve katılarak gelişme ve öğrenme, bir şeyi derinlemesine bilme becerilerimize güvenmezsek, bu becerilerden herhangi birini geliştirmekte pek başarılı olamayız ve bu nedenle bunlar solup gider veya hareketsiz kalır.

Bilinçli farkındalık pratiğinin bir parçası da güven dolu bir kalp yaratmaktır. Kendimizde neye güvenebileceğimizi derinlemesine inceleyerek başlayalım. Kendimizde güvenecek ne olduğunu henüz bilmiyorsak; belki de biraz daha derine bakmamız, dinginlikte ve sadece varoluşta kendimizle biraz daha zaman geçirmemiz gereklidir. Çoğu zaman ne yaptığımızın farkında değilsek ve hayatımızdaki olayların gidişatından pek hoşlanmıyorsak, belki de daha fazla dikkat etmenin, daha fazla temas halinde olmanın, yaptığımız seçimleri ve bunların yol açtığı sonuçları gözlemlemenin zamanı gelmiştir.

Şu anda mevcut olan bu olduğu için belki de şimdiki ana güvenmeyi, şu anda hissettiğimiz, düşündüğümüz ya da gördüğümüz her şeyi kabul etmeyi deneyebiliriz. Eğer burada bir duruş sergileyebilir ve şimdiki anın tüm dokusuna kendimizi bırakabilirsek, bu anın güvenimize layık olduğunu görebiliriz. Tekrar tekrar yapılan bu tür deneyler aracılığıyla içimizde derinlerde bir yerde son derece sağlıklı ve güvenilir bir özün bulunduğu ve şimdiki anın gerçekliğinin derin rezonansları olarak sezgilerimizin güvenimize layık olduğu yönünde yeni bir his doğabilir.

O halde güçlü olun ve kendi bedeninize girin;
Orada ayaklarınızın altında sağlam bir yer var.
Bunu dikkatlice düşünün!
Başka bir yere gitmeyin!
Kabir şöyle der: Hayali şeylerle ilgili tüm düşünceleri bir kenara atın
ve olduğunuz yerde sağlam durun.

KABİR

Cömertlik

Sabır, bırakma, yargılamama ve güven gibi cömertlik de bilinçli farkındalık pratiği için sağlam bir temel sağlayan bir başka niteliktir. Cömertliği derin bir kişisel gözlem ve sorgulama aracı olarak kullanmanın yanı sıra, bir yardım etme egzersizi olarak da kullanabilirsiniz. Burada kendinizden başlamak en iyisidir. Kendinize gerçekten değerli olabilecek armağanlar verip veremeyeceğinize bakın. Bunlar kendinizi olduğunuz gibi kabul etmek ya da her gün kendinize biraz zaman ayırmak gibi nimetler olabilir. Kendinizden ve evrenden gelen bu armağanları hiçbir yükümlülük altına girmeden kabul edecek kadar hak ettiğinizi hissetmeye çalışın.

İçinizdeki zengin özle temasa geçip geçemeyeceğinize bakın. Bu özün enerjisini dışarıya, tüm bedeninize ve ötesine yaymaya başlamasına izin verin. Bu enerjiyi kazanç veya karşılık beklemeden kendinize ve başkalarına doğru yönlendirerek (ilk başta küçük adımlarla) dağıtmayı deneyin. Düşündüğünüzden daha zengin olduğunuza güvenerek, verebileceğinizi düşündüğünüzden daha fazlasını verin. Bu zenginliği kutlayın. Sanki tükenmez bir zenginliğiniz varmış gibi verin. Buna "krallara yakışır şekilde vermek" denir.

Burada yalnızca paradan ya da maddi varlıklardan söz etmiyorum ancak maddi bolluğu paylaşmak harika bir şekilde geliştirici, canlandırıcı ve gerçekten yararlı olabilir. Burada önerilen daha ziyade benliğinizin zenginliğini, en iyi halinizi, coşkunuzu, canlılığınızı, ruhunuzu, güveninizi, açık görüşlülüğünüzü ve hepsinden önemlisi varlığınızı paylaşma pratiği yapmanızdır. Bunu kendinizle, ailenizle ve dünyayla paylaşın.

DENEYİN: Verme dürtüsüne karşı direncinizi, gelecekle ilgili endişelerinizi, çok fazla şey veriyor olabileceğiniz hissini ya da "yeterince" takdir edilmeyeceğiniz, yorulacağınız, bundan hiçbir şey elde edemeyeceğiniz ya da yeterince şeye sahip olmadığınız düşüncelerini fark edin. Bunların hiçbirinin aslında doğru olmadığını; sadece atalet, daralma ve korku temelli kendini koruma biçimleri olma olasılıklarını göz önünde bulundurun. Bu düşünce ve duygular, dünyaya sürtünerek sıklıkla bize ve başkalarına acı veren, uzaklık, izolasyon ve küçülmüşlük hislerini yaratan kendini el üstünde tutma özelliğinin pürüzlü kenarlarıdır. Vermek bu tür pürüzleri törpüler ve iç zenginliğimizin daha fazla farkında olmamıza yardımcı olur. Cömertliğe dair bilinçli farkındalık pratiği yaparak, vererek ve bunun kendimiz ve başkaları üzerindeki etkilerini gözlemleyerek kendimizi dönüştürüyor, arındırıyor, kendimizin daha gelişmiş hallerini keşfediyoruz.

Bir şey vermek için yeterli enerjiniz ya da hevesiniz olmadığını, zaten bunalmış ya da yoksul hissettiğinizi söyleyerek buna karşı çıkabilirsiniz. Ya da tüm yaptığınızın sürekli olarak vermek olduğunu ve bunun başkaları tarafından hafife alındığını, takdir edilmediğini ve hatta fark edilmediğini ya da bunu acı ve korkudan kaçmanın veya başkalarının sizi sevmesini ya da size bağımlı hissetmesini sağlamanın bir yolu olarak kullandığınızı hissedebilirsiniz. Bu tür zor örüntüler ve ilişkiler özen ve dikkatli bir inceleme gerektirir. Düşüncesizce vermek asla sağlıklı ya da cömert bir davranış değildir. Verme nedenlerinizi anlamak ve bazı verme türlerinin cömertlikten ziyade korku ve güven eksikliğinin bir göstergesi olduğunu bilmek önemlidir.

Cömertliği bilinçli farkındalıkla geliştirirken her şeyi, hatta hiçbir şeyi vermek gerekmez. Her şeyden önce cömertlik içe dönük bir verme eylemi, bir duygu hali, kendi varlığınızı dünyayla paylaşma isteğidir. En önemlisi içgüdülerinize güvenmek ve onları onurlandırmak ama aynı zamanda deneyin bir parçası olarak sınırlarda dolaşmak ve bazı riskler almaktır. Belki de daha az vermeniz ya da sömürü veya sağlıksız güdüler veya dürtüler konusunda sezgilerinize güvenmeniz gerekiyor olabilir. Belki de vermeniz gerekse de bunu farklı bir şekilde ya da farklı kişilere yapmalısınız. Veya her şeyden önce bir süreliğine kendinize bir şeyler vermeniz gerekiyor olabilir. Daha sonra başkalarına verebileceğinizi düşündüğünüzden biraz daha fazlasını vermeyi deneyebilir, karşılığında bir şey alma fikrini farkındalıkla gözlemleyerek bilinçli bir şekilde bunu bırakabilirsiniz.

Vermeye başlayın. Birinin sormasını beklemeyin. Ardından ne olacağını görün (özellikle de kendinize). Bu durumda kendiniz ve ilişkileriniz hakkında daha büyük bir netlik kazandığınızı ve daha fazla enerji elde ettiğinizi görebilirsiniz. Kendinizi ya da kaynaklarınızı tüketmek yerine, onları yenilediğinizi hissedebilirsiniz. Bilinçli farkındalıkla yapılan özverili cömertliğin gücü budur. En derin düzeyde ne hediye vardır ne de hediyeyi veren veya alan... Sadece evren kendini yeniden düzenlemektedir.

Zayıf Olabilecek Kadar Güçlü Olmalısınız

Güçlü iradeli ve başarılı bir kişiyseniz, genellikle kendinizi yetersiz, güvensiz ya da incinmiş hissetmeye karşı dayanıklı olduğunuz izlenimini yaratabilirsiniz. Bu çok yalnızlaştırıcı olabilir ve nihayetinde size ve başkalarına büyük acı verebilir. Diğer insanlar bu izlenime kolaylıkla kapılarak size gerçek duygulara sahip olmayan kaya gibi bir kişilik atfedebilirler. Aslına bakarsanız, imaj ve auranın sarhoş edici kalkanının ardında kendi gerçek duygularınızdan kolayca uzaklaşabilirsiniz. Bu izolasyon, çekirdek ailedeki babaların ve her yerde görece güçlü konumundaki insanların başına sıklıkla gelir.

Meditasyon pratiği sayesinde güçlendiğinizi düşünmek de benzer bir ikilem yaratabilir. Her şeyi kontrol altında tutan ve tepkisel duygulara kapılmadan her şeyle başa çıkabilecek kadar bilge olan, son derece yenilmez, erdemli bir meditasyoncu rolüne inanmaya ve bu rolü oynamaya başlayabilirsiniz. Bu süreçte farkında bile olmadan kendi gelişiminizi durdurabilirsiniz. Hepimizin duygusal bir hayatı vardır. Ondan uzak durmayı seçerek kendimizi riske atarız.

Dolayısıyla meditatif deneyimlerinize dayanarak yenilmezlik, güç, uzmanlık veya bilgelik imajı oluşturduğunuzu fark ettiğinizde, pratiğinizde bir yere vardığınızı düşündüğünüzde ve meditasyon hakkında kendi kendinizi övecek şekilde konuşmaya başladığınızda, bu düşünce yapısına bilinçli farkındalıkla yaklaşmak ve kendinize kırılganlığınızdan, belki de taşıdığınız kederden veya bir tür korkudan kaçıp kaçmadığınızı sormak iyi bir fikirdir. Gerçekten güçlü olduğunuzda bunu kendinize ya da başkalarına vurgulamanıza pek gerek yoktur. Burada yapılacak en iyi şey tamamen başka bir yol izlemek ve dikkatinizi bakmaktan en çok korktuğunuz yere yöneltmektir. Bunu kendinize hissetmek ve hatta ağlamak için izin vererek, her şey hakkında fikir sahibi olmak zorunda olmadan, başkalarına yenilmez veya duygusuz görünmeden, bunun yerine duygularınızla temas halinde ve uygun bir şekilde açık olarak yapabilirsiniz. Zayıflık gibi görünen şey aslında gücünüzün yattığı yerdir. Ve güç gibi görünen şey genellikle zayıflıktır, korkuyu örtbas etme çabasıdır. Başkalarına ve hatta kendinize ne kadar inandırıcı görünürse görünsün, bu bir rol ya da maskedir.

DENEYİN: Engeller karşısında nasıl sert davrandığınızın farkına varın. Dürtünüz sert olmak olduğunda yumuşak olmayı, dürtünüz tutucu olmak olduğunda cömert olmayı, dürtünüz duygusal olarak kapanmak olduğunda açık olmayı deneyin. Keder veya üzüntü hissettiğinizde bu hissin var olmasına izin vermeyi deneyin. Ne hissediyorsanız onu hissetmek için kendinize izin verin. Ağlama veya savunmasız hissetme karşısında herhangi bir etiketleme yapıp yapmadığınızın farkına varın. Bu etiketlerden kurtulun. Sadece ne hissediyorsanız onu hissedin, bir yandan da anbean farkındalık geliştirin, "yukarı" ve "aşağı", "iyi" ve "kötü", "zayıf" ve "güçlü" dalgalarında gezinin ve bunların deneyimlerinizi tam olarak tanımlayamadıklarını görün. Deneyimin kendisiyle kalın. En derin gücünüze güvenin: anda kalmak, uyanık olmak.

Gönüllü Sadelik

İçimde sık sık şimdiki ana başka bir şey daha sıkıştırma dürtüsü uyanıyor. Bir telefon görüşmesi daha yapmak, bir yere giderken bir yere daha uğramak... Bu yerin yolumun üzerinde olmaması fark etmiyor.

Bu dürtüyü tespit etmeyi ve ona güvenmemeyi öğrendim. Ona hayır demek için çok çalışıyorum. Bu dürtü kahvaltımı ederken bir yandan gözlerimi mısır gevreği kutusuna dikmeme ve besin içeriklerini veya markanın kampanyalarını yüzüncü kez okumama neden olabiliyor. Bu dürtüyü beslediğiniz sürece neyle beslediğinizin bir önemi yoktur. Etraftaki herhangi bir şey aynı çekiciliktedir. Bu dürtü zamanı geçiştirecek bir şeyler arar, beni bilinçsiz kılmak için zihnimle bir komplo kurar, uyuşukluk sisi içinde uyutur, bu şekilde bir yandan çok yememe bir yandan da kahvaltımı kaçırmama neden olur. O zamanlarda başkaları için ulaşılmaz olurum, masadaki ışık oyunlarını, odadaki kokuları, tartışmalar ve anlaşmazlıklar da dâhil olmak üzere o ana ait enerjileri kaçırırım.

Bu tür dürtülere karşı koymak ve beslenmenin derin bir düzeyde gerçekleşmesini sağlamak için gönüllü sadelik uygulamayı seviyorum. Bu tek bir anda kasıtlı olarak yalnızca bir şey yapmayı ve o eylem için tamamen orada olduğumdan emin olmayı içeriyor: yürüyüşe çıkmak ya da köpeğimle gerçekten birlikte olacağım birkaç dakika geçirmek gibi. Gönüllü sadelik bir gün içinde daha fazla yere gitmek yerine daha az yere gitmek, daha az şey görerek aslında daha çok şey görebilmek, daha az şey yaparak aslında daha çok şey yapabilmek, daha az şey edinerek aslında daha çok şeye sahip olabilmek anlamına gelir. Bunların hepsi birbiriyle bağlantılıdır. Her ne kadar zaman zaman bu düşünce çekici gelse de küçük çocuklu bir baba, evin geçimini sağlayan bir eş, ailenin en büyük oğlu, işini derinden önemseyen bir kişi olarak Walden Pond'a gidip birkaç yıl boyunca orada bir ağacın altında oturmak, çimlerin büyümesini ve mevsimlerin değişmesini dinlemek benim için gerçekçi bir seçenek değil. Ancak aile hayatının ve işin karmaşası içinde tüm talepleri ve sorumlulukları, hayal kırıklıkları ve eşsiz armağanlarıyla küçük yollarla sadeliği seçmek için bolca fırsat vardır.

Her şeyi yavaşlatmak bunun büyük bir parçasıdır. Zihnime ve bedenime telefona cevap vermek yerine kızımın yanında kalmayı söylemek, o anda "aranması gereken" birini aramak için içimden gelen dürtüye tepki vermemek, ani kararlarla yeni şeyler almamayı seçmek, hatta dergilerin, televizyonun veya filmlerin cezbedici çağrısına hemen cevap vermemek kişinin hayatını biraz olsun sadeleştirmesinin yollarıdır. Bir akşam oturup hiçbir şey yapmamak, kitap okumak, tek başıma, çocuğumla ya da eşimle yürüyüşe çıkmak, odun yığınını düzenlemek ya da aya bakmak, ağaçların altında havayı yüzümde hissetmek ya da erken yatmak da bu yöntemlerden bazılarıdır.

Hayatımı basit tutmak için hayır demeye çalışıyorum ve bunu asla yeterince yapmadığımı fark ediyorum. Bu başlı başına zorlu bir disiplindir ve çaba sarf etmeye değer. Ancak bu aynı zamanda aldatıcıdır. Kişinin karşılık vermesi gereken ihtiyaçlar ve fırsatlar vardır. Dünya harekete etmeye devam ederken sadeliğe bağlı kalmak hassas bir denge eylemidir. Her zaman yeniden gözden geçirilmeye, daha fazla sorgulanmaya ve dikkate ihtiyaç duyar. Ancak gönüllü sadelik kavramının beni neyin gerçekten önemli olduğu, her şeyin birbirine bağlı olduğu ve her seçimin geniş kapsamlı sonuçlarının bulunduğu bir zihin, beden ve dünya ekolojisi konusunda bilinçli tuttuğunu düşünüyorum. Her şeyi kontrol edemezsiniz. Ancak mümkün olan her durumda sadeliği seçmek, bizden kolayca kaçan en derin özgürlük unsurlarını ve daha azın aslında daha çok anlamına gelebileceğini keşfetmek için pek çok fırsat sunar.

> Sadelik, sadelik, sadelik! İşleriniz yüz ya da bin tane değil iki ya da üç tane olsun diyorum. Bir milyon yerine yarım düzine... Medeni hayatın bu dalgalı denizinin ortasında bulutlar, fırtınalar, bataklıklar ve hesaba katılması gereken binbir öge varken bir insan dibe vurmayacak veya kendi limanını yapmayacaksa tahmini hesaplara göre ya-

şamak zorundadır. Bunu başarmak için de kişinin gerçekten harika bir hesaplayıcı olması gerekir. Sadeleştirin, sadeleştirin.

THOREAU, *Walden*

Konsantrasyon

Konsantrasyon bilinçli farkındalık pratiğinin temel taşıdır. Bilinçli farkındalığınız ancak zihninizin sakin ve istikrarlı olma becerisi kadar sağlam olacaktır. Sakinlik olmazsa, bilinçli farkındalık aynanızın yüzeyi dalgalı ve değişken olacak ve olayları doğru bir şekilde yansıtamayacaktır.

Konsantrasyon bilinçli farkındalıkla beraber ya da ayrı olarak çalışılabilir. Konsantrasyonu zihnin tek bir gözlem nesnesi üzerinde kesintisiz bir şekilde dikkati sürdürme kapasitesi olarak düşünebilirsiniz. Bu, kişinin nefes gibi tek bir şeye odaklanmasıyla ve odağını sadece bununla sınırlamasıyla geliştirilebilir. Sanskritçe'de konsantrasyon *samadhi* veya "tek odaklılık" olarak adlandırılır. Dikkat her dağıldığında bunu tekrar nefese getirerek samadhi geliştirilir ve derinleştirilir. Meditasyonun konsantrasyona dayalı formlarını uygularken, zihin dağıldığında nereye gittiğini veya nefesin kalitesindeki dalgalanmaları gözlemleme gibi çabalardan kaçınırız. Enerjimiz yalnızca bu nefesin girişini ve çıkışını ya da başka bir tekil dikkat nesnesini deneyimlemeye yönlendirilir. Uzun süreli pratikle zihin nefese odaklı kalma, dikkati dağıtacak her türlü dürtüyü erkenden fark etme ve bu dürtünün çekimine en başından direnip nefesle kalma ya da nefese hızlı bir şekilde geri dönme konusunda gittikçe daha iyi hale gelir.

Yoğun konsantrasyon pratiğiyle birlikte son derece istikrarlı bir sakinlik gelişir. Bu ne olursa olsun sarsılmaz, derin ve bozulması zor bir sakinlik halidir. Düzenli olarak uzun bir süre boyunca samadhi geliştirebilmek kişinin kendisine sunduğu büyük bir armağandır. Bunu başarmanın en kolay yolu kişinin bu amaçla uzun, sessiz meditasyon inzivalarında Thoreau'nun yaptığı gibi dünyadan çekilebilmesidir.

Tek odaklı konsantrasyon pratiğiyle sağlanan istikrar ve sakinlik, bilinçli farkındalığın geliştirilmesinin temelini oluşturur. Bir miktar samadhi olmadan farkındalığınız çok güçlü olmayacaktır. Bir şeye derinlemesine bakabilmek için dikkat dağıtıcı unsurlar veya kendi zihninizin çalkantıları tarafından rahatsız edilmeden bakışınızı sürdürebilmeniz gerekir. Konsantrasyonunuz ne kadar derinse, farkındalık potansiyeliniz de o kadar derin olur.

Derin samadhi deneyimi çok hoştur. Tek bir noktaya yoğunlaşarak nefese odaklandığınızda düşünceler, duygular ve dış dünya da dâhil olmak üzere diğer her şey kaybolur. Samadhi, dinginliğin ve bölünmeyen bir huzurun içine dalma olarak kendini gösterir. Bu dinginlik çekici, hatta sarhoş edici olabilir. Kişi doğal olarak kendini bu huzuru ve huzura dalma ve mutluluk ile şekillenen bu halin sadeliğini ararken bulur.

Ancak konsantrasyon pratiği, ne kadar güçlü ve tatmin edici olursa olsun onu tamamlayacak ve derinleştirecek bilinçli farkındalık olmadan eksik kalır. Bu pratik tek başına, dünyadan elini eteğini çekme haline benzer. Bu durumda karakteristik enerjisi açık olmaktan ziyade kapalı, ulaşılabilir olmaktan ziyade sindirilmiş, tamamen uyanık olmaktan ziyade trans gibidir. Burada eksik olan şey merak, sorgulama, araştırma, açıklık, erişilebilirlik, insanların deneyimlediği tüm olgularla ilişki kurma enerjisidir. İşte bu bilinçli farkındalık pratiğinin alanıdır. Bu alanda tek odaklılık ve şimdiki ana dinginlik ve zihin dengesi getirebilme becerisi çok çeşitli yaşam deneyimlerinin birbirine bağlılığının derinlemesine incelenmesi ve anlaşılmasına olanak sağlar.

Konsantrasyon çok değerli olabilir ancak bu içsel deneyimin hoş niteliği tarafından baştan çıkarılırsanız ve onu tatsız ve yetersiz bir dünyadaki yaşama karşı bir sığınak olarak görmeye başlarsanız, ciddi şekilde kısıtlayıcı da olabilir. Dinginlik ve huzurun sükûneti için günlük yaşamın karmaşasından kaçınmak isteyebilirsiniz. Bu elbette dinginliğe karşı bir bağlılık olacaktır ve her güçlü bağlılık gibi bu da yanılgıya yol açar, gelişimi durdurur ve bilgeliğin geliştirilmesinin önüne geçer.

Vizyon

Meditasyonu neden yaptığınıza, bunun yaşamınızdaki değerinin ne olabileceğine, bunun neden hayali yel değirmenleriyle savaşmak değil de sizin yolunuz olabileceğine dair bir görüşünüz olmadan kendinizi günlük meditasyon uygulamasına adamanız neredeyse imkânsızdır ve zaten anlamsız olur. Geleneksel toplumlarda bu vizyon kültür tarafından sağlanırdı ve sürekli olarak pekiştirilirdi. Bir Budist olsaydınız, bütün kültür meditasyonu berraklığa, şefkate ve "buda" olmaya giden, acıları ortadan kaldıracak bir bilgelik yolu olarak değerlendirdiği için pratik yapardınız. Ancak Batı kültürünün genel yapısı içinde böylesine kişisel bir disiplin ve süreklilik yolunu, özellikle de çaba içeren ama eylem içermeyen, enerji içeren ama somut bir "ürün" içermeyen böylesine alışılmadık bir yolu seçmek için pek destek bulamazsınız. Dahası, daha iyi bir insan (daha sakin, daha net ya da daha şefkatli) olma konusunda sahip olduğumuz yüzeysel ya da romantik fikirler hayatımızın, zihnimizin ve bedenimizin karşılaştığı çalkantılarla yüzleştiğimizde uzun süre dayanamaz. Hatta sabahın erken saatlerinde hava daha soğuk ve karanlıkken uyanıp şimdiki anda olma çabası bile dirençle karşılaşır. Bu pratik böyle durumlarda çok kolay bir şekilde ertelenebilir, önemsiz görülebilir ve dolayısıyla siz biraz daha uyurken veya sıcak yatağınızda biraz daha vakit geçirirken başka zamana ötelenebilir.

Meditasyonu uzun vadeli ve kalıcı bir şekilde hayatınıza katmayı amaçlıyorsanız gerçekten kendinize ait bir vizyona sahip olmanız gerekir. Bu kim olduğunuza dair inancınıza, hayatınızda neye değer verdiğinize ve nereye gittiğinize dair görüşünüze yakın duran, derin ve kararlı bir vizyon olmalıdır. Yalnızca böylesine dinamik bir vizyonun gücü ve bundan doğan motivasyon nelere tutunulacağı, nelerin bırakılacağı ve neyin gelişmesi gerektiğine işaret eden bir yolda her gün pratik yapma ve gerçekleşen her şeye bilinçli farkındalık katma, algılanan her şeye açılma isteğiyle kalmanızı sağlayabilir.

Meditasyon pratiği pek romantik bir şey değildir. Gelişmemiz ve değişmemiz gereken alanlar genellikle en sıkı tutunduğumuz ve varlıklarını kabul etmeye bile isteksiz olduğumuz taraflarımızdır. Bunlara savunmaya geçmeden ve farkındalıkla bakıp sonra da değiştirmek için eyleme geçmeyi bırakın, bunların varlığını bile görmek istemeyiz. Kendinizi meditasyon yapan biri olarak görmek, meditasyonun başkalarına iyi geldiği için size de iyi geleceğini düşünmek veya Doğu bilgeliğini derin bulduğunuz için bunu yapmak gerekli sürdürebilirliği sağlamayacaktır. Sözünü ettiğimiz vizyonun her gün tazelenmesi, her zaman ön planda tutulması gerekir zira bilinçli farkındalığın kendisi bu düzeydeki bir amaç ve niyet farkındalığını gerektirir. Aksi takdirde pek bir fark yaratmayacaktır.

Pratiğin kendisi vizyonunuzun somutlaşmış şekli haline gelmeli ve en değer verdiğiniz şeyleri içermelidir. Bu, olduğunuzdan farklı olmaya ya da değişmeye çalışmak, sakin hissetmezken sakin olmak ya da gerçekten kızgınken nazik davranmak anlamına gelmez. Aksine bu belirli bir anın hararet ve tepkisellik içinde kaybolmaması veya tehlikeye atılmaması adına sizin için en önemli olan şeyleri aklınızda tutmanız demektir. Bilinçli farkındalık sizin için gerçekten önemliyse, o zaman her bir an pratik etmek için bir fırsattır.

Gününüzün bir noktasında öfke duygusunun ortaya çıktığını varsayalım. Eğer kendinizi öfkeli hissedip bunu ifade ederken bulursanız, o zaman bu ifadeyi ve bunun etkilerini anbean izlediğinizi de göreceksiniz. Bu güçlü hissin öncül nedenleriyle ve beden hareketlerinizde ve duruşunuzda, ses tonunuzda, kelime ve ifade seçimlerinizde ortaya çıkış biçimiyle ve başkaları üzerinde bıraktığı izlenimle öfkenin bir duygu durumu olarak geçerliliğinin farkında olabilirsiniz. Öfkenin bilinçli bir şekilde ifade edilmesi, üzerine konuşulması gereken bir konudur. Öfkenin içselleştirilmesi yoluyla bastırılmasının (özellikle de alışkanlık haline gelirse) sağlıksız olduğu tıbbi ve psikolojik olarak iyi bilinmektedir. Ancak ne kadar "haklı" nedenlerle olursa olsun öfkeyi kontrolsüzce dışa vurmak da aynı şekilde sağlıksızdır. Bunun zihninizi bulandırdığını gözlemeleyebilirsiniz. Öfke bir yanlışı düzeltmek ya da önemli bir şeyin gerçekleşmesini sağlamak amacını taşıdığında bile saldırganlık ve şiddet duygularını besler ve dolayısıyla haklı olsanız da olmasanız da var olanı içsel anlamda çarpıtır. Bazen kendinizi durduramasanız bile, bunu hissedebilirsiniz. Bilinçli farkındalık, öfkenin kendinize ve başkalarına yönelik zehirleyiciliğinin farkına varmanızı sağlayabilir. Ben her zaman, objektif olarak haklı olsam bile öfkemde uygunsuz bir şeyler olduğu hissine kapılırım. Öfke, doğasındaki zehirleyiciliği ile dokunduğu her şeyi kirletir. Öfkenin enerjisi; bencillik ve kendini beğenmişliğin bulandırıcı özellikleri olmadan güç ve bilgeliğe dönüştürülebilirse, o zaman gücü katlanır ve hem öfkenin nesnesini hem de kaynağını dönüştürme kapasitesi artar.

Dolayısıyla öfkenin ortaya çıktığı ve doruğa ulaştığı anlarda öfkenin bağlamını bilinçli olarak genişletme pratiği yaparsanız, duygunun harareti içindeyken daha büyük ve daha temel şeyleri unuttuğunuzu bilirseniz, öfke ateşine bağımlı olmayan ya da öfkeye katkı sağlamayan bir farkındalığa erişebilirsiniz. Farkındalık öfkeyi görür, öfkenin derinliğini bilir ve öfkeden daha büyüktür. Bu nedenle öfkeyi tutabilir. Farkındalık öfkeyi kucaklamamıza ve istemeden de olsa yararlı etkilerden ziyade zararlı olanları yaratabileceğini görmemize yardımcı olur. Bu şekilde öfkeyi tutmamıza ve sindirmemize yardım eder. Böylece onu etkili bir şekilde kullanabilir ve otomatik bir tepkiden bilinçli bir tepkiye çevirebiliriz ve belki de tamamen öfkenin ötesine geçebiliriz. Bu seçenekler, tüm durumun gerektirdiklerini dikkatle dinlemekle mümkün olabilir.

Vizyonumuz değerlerimiz ve hayatta neyin en önemli olduğuna dair kişisel planımızla bağlantılıdır. Bu öncelikli ilkelerimizle ilgilidir. Sevgiye inanıyorsanız, bunu gösterir misiniz yoksa sadece konuşmakla mı yetinirsiniz? Şefkate, zarar vermemeye, nezakete, bilgeliğe, cömertliğe, sakinliğe, yalnızlığa, eylemsizliğe, eşit ve açık olmaya inanıyorsanız bu nitelikleri günlük yaşamınızda ortaya koyuyor musunuz? Bu meditasyon pratiğinizi canlı tutmak için gerekli olan niyetlilik seviyesidir. Bu seviyeyi yakalarsanız, meditasyonunu sadece alışkanlık veya inanç güçleri tarafından yönlendirilen tamamen mekanik bir egzersiz haline gelmesinin önüne geçebilirsiniz.

Kendinizi her gün tümüyle yenileyin. Bunu tekrar,
tekrar ve sonsuza dek tekrar yapın.

Walden'da Thoreau tarafından
alıntılanan Çin atasözü

DENEYİN: Neden meditasyon yaptığınızı veya neden meditasyon yapmak istediğinizi kendinize sorun. Vereceğiniz ilk cevaplara inanmayın. Aklınıza gelenlerin bir listesini yapın. Kendinize bunu sormaya devam edin. Ayrıca değerlerinizi, hayatta en çok neye saygı duyduğunuzu sorgulayın. Sizin için gerçekten önemli olan şeylerin bir listesini yapın. Kendinize şunları sorun: Benim vizyonum, nerede olduğuma ve nereye gittiğime dair yol haritam nasıl? Bu vizyon benim gerçek değerlerimi ve niyetlerimi yansıtıyor mu? Bu değerleri somutlaştırdığımı düşünüyor muyum? Niyetlerimi uygulamaya koyuyor muyum? Şu anda işimde, ailemde, kendimle ve başkalarıyla ilişkilerimde nasılım? Nasıl olmak istiyorum? Vizyonumu, değerlerimi nasıl yaşayabilirim? Hem kendimin hem de başkalarının acılarıyla nasıl ilişki kuruyorum?

Meditasyon Bütünlüklü İnsanlar Yaratır

Meditasyon eski Hint kültüründe olağanüstü derecede gelişmiş olsa da Buda'nın orijinal dili olan Pali dilinde bizim "meditasyon" sözcüğümüze karşılık gelen tek bir sözcük olmadığı söylenir. Sık kullanılan bir sözcük *bhavana*'dır. Bhavana "zihinsel eğitim yoluyla gelişim" olarak tercüme edilebilir. Bana göre bu isabetli bir tanımdır; meditasyon gerçekten de insan gelişimiyle ilgilidir. Bu yetişkin bir bedene sahip olmanın, çalışmanın ve dünyada bir şeyler yapmanın, bir aile kurmanın, herhangi bir şekilde borçlanmanın (ruhu tutsak edebilecek pazarlıklar yoluyla sadece kendinize karşı bile olsa) ve sizin de yaşlanıp öleceğinizi fark etmenin doğal bir uzantısıdır. Eninde sonunda oturup hayatınızı düşünmek, kim olduğunuzu ve hayat yolculuğunuzun anlamının nerede yattığını sorgulamak durumunda kalırsınız.

Modern yorumcuları Bruno Bettelheim, Robert Bly, Joseph Campbell ve Clarissa Pinkola Estes tarafından bize anlatılan eski masallar bütünlüklü insanın gelişimi için rehberlik sunan kadim haritalardır. Bu masallardaki bilgelik binlerce yıldır alaca karanlıkta ve karanlıkta ateşin etrafında anlatılarak yazı öncesi zamanlardan günümüze kadar gelmiştir. Bunlar kendi başına eğlenceli ve ilgi çekici hikâyeler olsalar da aslında bütünlüğü, mutluluğu ve huzuru ararken karşılaştığımız dramların simgesi oldukları için önemlidirler. Krallar ve kraliçeler, prensler ve prensesler, cüceler ve cadılar yalnızca "dışarıdaki" kişiler değildir. Onları sezgisel olarak kendi ruhumuzun yönleri, varlığımızın tamamlanma yolunda el yordamıyla ilerleyen parçaları olarak tanırız. İçimizde devi ve cadıyı barındırırız. Onlarla yüzleşmemiz ve onları onurlandırmamız gerekir yoksa bizi tüketirler (yiyip bitirirler). Masallar; içsel ve dışsal iblisler ve ejderhalar, karanlık ormanlar ve çorak araziler karşısında içgüdüsel olarak hayatta kalmamız, gelişmemiz ve bütünleşmemiz için binlerce yıllık anlatımla damıtılmış bilgeliği içeren kadim rehberlerdir. Bu hikâyeler bize varlığımızın parçalanarak birbirinden ayrı kalmış kısımlarının birbirlerini bulup birleşebilecekleri, sonsuza dek mutlu yaşayabileceğimiz noktaya gelene kadar hayatımıza yeni uyum ve anlayış seviyeleri getirecek, yani aslında zamansız bir "şimdi ve burada" deneyimleyebileceğimiz bir sunağı aramamıza değeceğini hatırlatır. Bu hikâyeler insan olarak gelişimimizi tamamlama yolunda bilgece, kadim ve şaşırtıcı derecede incelikli tasarılardır.

Masallarda tekrarlanan temalardan biri, küçük bir çocuğun, genellikle de bir prens ya da prensesin altın topunu kaybetmesidir. İster erkek ister kadın ister yaşlı ister genç olalım her birimiz içimizde (sayısız diğer figürün yanı sıra) hem prens hem de prensesi barındırırız. Bir zamanlar her birimiz gençliğin getirdiği altından bir masumiyetle ve sonsuz vaatlerle ışıldıyorduk. Gelişimimizin durmamasına özen gösterdiğimiz sürece bu altın ışıltıyı taşımaya devam ederiz ya da geri kazanabiliriz.

Bly ilk olarak sekiz yaş civarında gerçekleşen altın topu kaybetme anımız ile onu geri kazanmak için adımlar atmaya başlamamız, hatta bu topu kaybettiğimizi fark etmemiz arasında otuz ya da kırk yıl geçebileceğini belirtir. Öte yandan "bir varmış bir yokmuş" ile başlayan ve dolayısıyla olağan zamanın dışında geçen masallarda bu süre genellikle bir ya da iki gündür. Ancak her iki durumda da önce bir pazarlık yapılması gerekir. Bu pazarlığı bir kurbağa ya da belki de *Iron John*'da olduğu gibi ormandaki göletin altında yaşayan kıllı vahşi bir adam tarafından sembolize edilen kendi bastırılmış gölge enerjilerimizle yaparız.

Bu pazarlık yapılmadan önce prens ve prenses, kurbağa, vahşi adam veya vahşi kadın gibi yaratıkların orada olduğunu bilmeniz gerekir. Ruhumuzun içgüdüsel olarak bilinç dışına ittiğimiz yönleriyle konuşmak bir ön koşuldur. Bu oldukça korkutucu olabilir, zira ortaya çıkan duygu durumu karanlık, bilinmeyen ve gizemli yerlere gittiğimizde ortaya çıkanla aynıdır.

Sekizinci yüzyıldan günümüze kadar Tibet'te kök salmış ve gelişmiş olan Budizm biçimi insan ruhunun bu dehşet verici yönlerine dair belki de en rafine sanatsal ifadeyi geliştirmiştir. Pek çok Tibet heykeli ve tablosu grotesk şeytani varlıkları resmeder ve bunların hepsi de onurlu tanrılar panteonunun saygın üyeleridir. Bu ilahların bildiğimiz anlamdaki tanrılar olmadığını unutmayın. Bunlar daha ziyade (erkek veya kadın fark etmeksizin) bütünlüklü bir insan olarak gerçek potansiyelimizi büyütmek ve geliştirmek istiyorsak yüzleşmemiz, onurlandırmamız ve birlikte çalışmamız gereken, her biri kendi ilahi enerjisine sahip farklı zihin durumlarını temsil ederler. Bu öfkeli yaratıkların görünüşleri kafataslarından oluşan kolyeleri ve grotesk yüz ifadeleri sebebiyle korkutucu ve itici olsa da bunlar kötü olarak algılanmazlar. Bu korkunç dış görünüşler aslında bilgeliği ve şefkati somutlaştıran tanrıların özellikle benimsediği bir kılıktır. Bu şekilde kendimize ve temelde bizden farklı olmayan ötekilere karşı anlayış ve nezaket kazanmamıza yardımcı olmayı amaçlarlar.

Budizm'de bu içsel gelişim çalışmasının aracı meditasyondur. Masallarda bile, göletin altındaki vahşi adama ulaşmak için göletteki suyu kovayla boşaltmak gerekir ki bu da Bly'ın belirttiği gibi uzun süren tekrarlı bir içsel çalışma gerektirir. Bir göleti boşaltmanın her gün, her yıl sıcak bir demirhanede ya da bunaltıcı üzüm bağlarında çalışmanın şatafatlı bir tarafı yoktur. Ancak bu tür tekrar eden içsel çalışmalar, kişinin kendi ruhunun güçlerini tanımasına yönelik girişimidir. Bu bir sertleştirme işlemidir ve genellikle ısının dâhil olduğu bir süreçtir. Sıcağa tahammül etmek, sebat etmek disiplin gerektirir. Ama bunu sürdürmenin sonucu ustalık ve bilgeliktir; disiplin, sıcaklık, karanlığa ve korkuya doğru iniş olmadan ulaşılamayacak bir içsel düzene ulaşmaktır. Yaşadığımız içsel yenilgiler bile bu işlemde bize hizmet eder.

Bu Jungçuların ruh çalışması olarak adlandırdıkları şeydir; kendi zihnimizin dolambaçlı labirentli derinlikleri ve genişlikleri hakkında bir şeyler öğrenerek karakter derinliğinin geliştirilmesidir. Isı psişik varlığımızın ve muhtemelen bedenimizin atomlarını yeniden düzenleyerek sertleştirme işlevi görür.

Meditatif çalışmanın güzelliği, labirentte bize rehberlik etmesi için uygulamanın kendisine güvenmeyi mümkün kılmasıdır. Bu en karanlık anlarda, zihin durumumuzun ve dış koşullarımızın en korkutucu olanlarıyla yüzleşirken bile yolda kalmamızı sağlar. Bize seçeneklerimizi hatırlatır. Bu insan gelişimi için bir rehberdir, aydınlık benliğimize giden bir yol haritasıdır. Bizi çoktan geçmiş bir çocukluk masumiyetine değil, tamamen gelişmiş bir yetişkine götürür. Ancak meditasyonun işe yaraması için bizim de kendi üzerimize düşeni yapmaya istekli olmamız gerekir. Karanlık ve umutsuzluk karşımıza çıktığında, kaçınılmaz olandan kaçmadan ya da geliştirdiğimiz binlerce yolla kendimizi uyuşturmadan gerekirse tekrar tekrar bunlarla yüzleşmeye istekli olmalıyız.

DENEYİN: İçinizdeki prense ve prensese, krala ve kraliçeye, deve ve cadıya, vahşi adama ve vahşi kadına, cüceye ve kocakarıya, savaşçıya, şifacıya ve düzenbaza karşı açık olun. Meditasyon yaparken hepsine hoş geldin deyin. Bir kral ya da kraliçe, bir savaşçı ya da bir bilge gibi oturmayı deneyin. Büyük karmaşa veya karamsarlık zamanlarında nefesinizi labirentte size rehberlik edecek bir sicim gibi kullanın. En karanlık anlarda bile bilinçli farkındalığı canlı tutun. Farkındalığın karanlığın veya acının bir parçası olmadığını hatırlayın. Bilinçli farkındalık acıyı tutar ve onu tanır, bu yüzden daha öncelikli olmalı ve içinizdeki sağlıklı, güçlü ve değerli olana daha yakın durmalıdır.

Bir Yol Olarak Pratik

> Hayat dediğimiz bu yolun ortasında
> kendimi karanlık bir ormanda buldum
> İçinden geçen doğru bir yol yoktu.
>
> DANTE ALIGHIERI,
> *İlahi Komedya,* "Inferno"

Yolculuk metaforu tüm kültürlerde yaşamı ve anlam arayışını betimlemek için kullanılır. Doğu'da, Çince "yol" anlamına gelen Tao kelimesi bu anlamı taşır. Budizm'de meditasyon pratiğinden genellikle bir yol olarak bahsedilir; bu bir farkındalık yolu, doğru kavrayış yolu, hakikat çemberinin (Dharma) yoludur. Tao ve Dharma aynı zamanda her şeyin oluş biçimi, tüm varoluşu ve yokluğu yöneten yasa anlamına da gelir. Yüzeyde iyi ya da kötü olarak gördüğümüz tüm olaylar temelde Tao ile uyum içindedir. Bizim üzerimize düşen bu temel uyumu algılamayı öğrenmek ve buna uygun olarak yaşamak ve kararlar almaktır. Yine de genellikle doğru yolun ne olduğu açık değildir. Bu da özgür irade ve ilkeye dayalı eylemin yanı sıra gerilime ve tartışmaya, hatta tamamen kaybolmaya da bolca alan bırakır.

Meditasyon yaptığımızda mevcut anda yaşam yolunda olduğumuzu gerçekten kabul etmiş oluruz. Yol bu anda ve hayatta olduğumuz her anda ortaya çıkar. Meditasyon bir teknikten ziyade bir "Yol" olarak düşünülmelidir. Bu bir var olma, yaşama, dinleme, hayat yolunda yürüme ve her şeyle uyum içinde olma yoludur. Bu kısmen, ara sıra ve genellikle çok kritik zamanlarda nereye gittiğinizi ve hatta yolun nerede olduğunu gerçekten bilmediğinizi kabul etmek anlamına gelir. Aynı zamanda mevcut anda nerede olduğunuza dair bir bilginiz olabilir (bu kaybolmuş, kafası karışmış, öfkeli veya umutsuz olduğunuzu bilmek dahi olabilir). Öte yandan çoğu zaman nereye gittiğimizi bildiğimize gereğinden fazla inanarak tuzağa düşebiliriz. Bu durum özellikle de kendine hizmet eden bir hırs tarafından yönlendiriliyorsak ve bazı şeyleri çok istiyorsak ortaya çıkar. Burada kendine hizmet eden amaçlardan kaynaklanan bir körlük söz konusudur ve bu aslında sandığımız kadar çok şey bilmediğimiz halde bildiğimizi düşünmemize neden olur.

Grimm Kardeşler'in koleksiyonunda yer alan bir masal olan "Hayat Suyu", hepsi prens olan kardeşlere dair bilindik bir hikâye anlatır. En büyük iki kardeş açgözlü ve bencildir. En küçükleri ise nazik ve şefkatlidir. Kral olan babaları ölmek üzeredir. Sarayın bahçesinde gizemli bir şekilde beliren yaşlı bir adam onlara dertlerinin ne olduğunu sorar ve sorunu duyunca bunu hayat suyuyla tedavi edilebileceğini söyler. "Eğer Kral bu sudan içerse iyileşecektir ancak bu suyu bulmak zordur."

Önce en büyük kardeş babasının gözüne girmek ve kral olmak için gizli bir beklenti taşıyarak babası için hayat suyunu aramaya gider. Atıyla yola çıkar çıkmaz yol kenarında onu durduran ve bu kadar hızlı nereye gittiğini soran bir cüceyle karşılaşır. Acelesi olan kardeş cüceye aşağılayıcı ve küçümseyici bir şekilde davranır ve ona yolundan çekilmesini emreder. Buradaki varsayım, prensin ne aradığını bildiği için yolu da bildiğidir. Halbuki durum öyle değildir. Ancak bu kardeş kibrini ve hayatta olayların birçok şekilde ortaya çıkabileceği ya da gelişebileceği hakkındaki cehaletini dizginleyemez.

Elbette masallardaki cüce de dışarıdaki bir varlık değildir, ruhun sahip olduğu yüksek güçlerin sembolüdür. Bu durumda bencil kardeş kendi içsel gücüne ve sezgisel benliğine nezaket ve bilgelikle yaklaşamaz. Prensin kibri nedeniyle cüce, yolunun sürekli daralan bir uçuruma çıkmasını sağlar. Prens sonunda kendini ne ileri ne geri gidebilir ve ne de etrafında dönebilir bir halde bulur. Tek kelimeyle sıkışmıştır. Hikâye devam ederken o orada kalır.

İlk kardeş geri dönmeyince, ikinci kardeş şansını denemek için yola çıkar ve o da cüceyle karşılaşır. Ona aynı şekilde davranır ve tıpkı ilk kardeş gibi sıkışıp kalır. Bunlar aynı kişinin farklı parçaları oldukları için bazı insanların asla öğrenemediğini söyleyebilirsiniz.

Bir süre sonra üçüncü kardeş hayat suyunu geri getirmek için yola çıkar. O da bu kadar aceleyle nereye gittiğini soran cüceyle karşılaşır. Ancak kardeşlerinin aksine durur, atından iner ve cüceye babasının ağır hastalığını ve hayat suyunu aradığını anlatır. Nereye bakacağı ya da ne yöne gideceği konusunda hiçbir fikri olmadığını itiraf eder. Bunun üzerine cüce "Ah, bunu nerede bulunacağını biliyorum," der ve ona suyun yerini ve onu nasıl elde edeceğini anlatmaya başlar. Bu oldukça karmaşıktır. Bu kardeş dikkatle dinler ve kendisine anlatılanları aklında tutar.

Zengin bir şekilde işlenmiş bu hikâyenin akışında pek çok dönemeç bulunmaktadır ve bunları keşfetmeyi ilgili okuyucuya bırakacağım. Burada anlatmak istediğim özetle, zaman zaman gideceğiniz yolu bilmediğinizi kendinize itiraf etmenin ve beklenmedik yerlerden gelecek yardımlara açık olmanın faydalı olduğudur. Bunu yapmak kendi ruhsallığınızdan ve özverililiğinizden kaynaklanan içsel ve dışsal enerjileri ve müttefikleri sizin için kullanılabilir hale getirir. Elbette bencil kardeşler de ruha ait içsel figürlerdir. Verilmek istenen mesaj şudur: Kendini yüceltme ve kibir gibi normal insan eğilimlerine kapılmak ve olayların genel düzenini görmezden gelmek, eninde sonunda hayatınızda ileri veya geri gidemediğiniz ve etrafınızda bile dönemediğiniz bir çıkmaza yol açacaktır. Hikâye, böyle bir tutumla asla hayat suyunu bulamayacağınızı ve potansiyel olarak sonsuza kadar sıkışıp kalacağınızı söyler.

Bilinçli farkındalık çalışması dar hırs ve kişisel kazanç fikirleri tarafından yönlendirilen ve benliğimizin büyük bir kısmıyla teması olmayan bir zihinle olaylara balıklama dalmak yerine, kendi cüce enerjimizi onurlandırmayı ve ona kulak vermeyi gerektirir. Hikâye ancak nereye gittiğimizi bilmediğimizi kabul etme isteği dâhil olmak üzere, işlerin nasıl yürüdüğüne dair bir farkındalıkla ilerlersek başarılı olabileceğimizi söyler. Hikâyede en küçük kardeşin işlerin nasıl yürüdüğünü tam olarak anladığını söyleyebilmesinden önce kat etmesi gereken uzun bir yol vardır. İhanet hakkında acı verici dersler alır ve enerjisinin ve bilgeliğinin tamamına sahip olmadan önce saflığının bedelini ağır öder. Tüm bunlar, sonunda altınla döşenmiş bir yolun ortasından geçip prensesle evlenmesi ve kral olmasıyla betimlenir. Babasının değil, kendi krallığında bütünlüklü bir adam haline gelir.

DENEYİN: Bugün kendi hayatınızı bir yolculuk ve bir macera olarak görün. Nereye gidiyorsunuz? Ne arıyorsunuz? Şu anda neredesiniz? Yolculuğun hangi aşamasına geldiniz? Hayatınız bir kitap olsaydı, bugün ona ne isim verirdiniz? Şu anda içinde bulunduğunuz bölüme ne ad verirdiniz? Burada belirli açılardan sıkışıp kaldınız mı? Bu noktada erişiminizdeki tüm enerjilere tamamen açık olabilir misiniz? Bu yolculuğun sadece size ait olduğunu, başka hiç kimseye ait olmadığını unutmayın. Yani yol size ait olmalıdır. Hem başkasının yolculuğunu taklit edip hem de kendinize sadık kalamazsınız. Benzersizliğinizi bu şekilde onurlandırmaya hazır mısınız? Meditasyon pratiğine bağlılığı bu varoluş biçiminin samimi bir parçası olarak görebiliyor musunuz? Yolunuzu farkındalık ve bilinçle aydınlatacağınıza söz verebilir misiniz? Kolayca takılıp kalabileceğiniz ya da geçmişte takılıp kaldığınız yolları görebiliyor musunuz?

Meditasyon, Olumlu Düşünce ile Karıştırılmamalıdır

Düşünme becerimizin biçimi, türümüzü diğerlerinden ayırır. Bu gerçekten kıyas kabul etmeyecek bir mucizedir. Ancak dikkatli olmazsak, düşünme yetimiz varlığımızın aynı derecede değerli ve mucizevi diğer yönlerini kolayca bastırabilir. Genellikle uyanık olma hali ilk bastırılandır.

Farkındalık düşünce ile aynı şey değildir. Düşüncenin ötesinde yer alır ancak düşünceden faydalanır, onun değerini ve gücünü yüceltir. Farkındalık daha çok düşüncelerimizi barındıran ve kontrol altında tutan bir kap gibidir; düşüncelerimize gerçekmiş gibi kapılmak yerine bunları düşünce olarak görmemize ve anlamamıza yardımcı olur.

Düşünen zihin zaman zaman ciddi şekilde bölünebilir. Aslında neredeyse daima böyledir. Bu düşüncenin doğasıdır. Ancak bilinçli bir niyetle her an ortaya konan farkındalık, bu bölünmüşlüğün ortasında bile temel doğamızın halihazırda bütünleşmiş ve bir olduğunu algılamamıza yardımcı olabilir. Farkındalık düşünen zihnimizin çeşnisiyle sınırlı değildir; tıpkı çorba kazanının doğranmış havuçları, bezelyeleri, soğanları ve benzeri malzemeleri muhafaza edip bunların tek bir bütün halinde, yani çorba olarak pişmesini sağlaması gibi, bu da tüm parçaları muhafaza eden bir kazandır. Ancak bu büyülü bir kazandır çünkü hiçbir şey yapmanıza, hatta altına ateş koymanıza bile gerek kalmadan bir şeyler pişirir. Farkındalık sürdürüldüğü sürece pişirme işini kendisi yapar. Siz sadece parçaları farkındalık içinde tutarak karışmalarına izin verirsiniz. Zihinde veya bedende ortaya çıkan her şey kazana girer, çorbanın bir parçası olur.

Meditasyon daha fazla düşünerek düşüncelerinizi değiştirmek için uğraşmak demek değildir. Düşüncenin kendisini izlemektir. İzlemek tutmaktır. Düşüncelerinizi, bunların içine çekilmeden izleyerek düşünceler hakkında son derece özgürleştirici şeyler öğrenebilirsiniz. Bu da genellikle içimizde çok güçlü olan ve alışkanlık haline gelerek bizi hapseden dar, hatalı, benmerkezci ve genelde düpedüz yanlış olan düşünce kalıplarına mahkûm olmamızın önüne geçebilir.

Meditasyonu ele almanın bir başka yolu da düşünme sürecinin kendisini bir şelale, sürekli akan bir düşünce çağlayanı olarak görmektir. Bilinçli farkındalık geliştiririrken, bir şelalenin arkasındaki kayada bir girinti veya bir mağarada bir çıkıntı bulur gibi, düşüncemizin ötesine veya arkasına geçeriz. Suyu görmeye ve duymaya devam ederiz ama akıntının dışında kalırız. Bu şekilde pratik yaptığımızda düşünce kalıplarımız yaşamımızda bütünleşmeyi, anlayışı ve şefkati besleyecek şekilde kendiliğinden değişir. Ancak bu değişim, bu kalıpları daha saf olduğunu düşündüğümüz bir düşünceyi başka bir düşüncenin yerine koyarak değiştirmeye çalıştığımız için gerçekleşmez. Aksine bu, düşüncelerimizin doğasını ve onlarla olan ilişkimizi anlamaktır. Bu şekilde biz onların değil, onlar bizim hizmetimize girebilir.

Olumlu düşünmek faydalı olabilir ama meditasyon anlamına gelmez. Bu sadece daha fazla düşünce demektir. Olumsuz düşünce gibi sözde olumlu düşüncenin de kolayca esiri olabiliriz. Bu da sınırlayıcı, bölünmüş, hatalı, yanıltıcı, benmerkezci ve yanlış olabilir. Yaşamımızda dönüşümü tetiklemek ve bizi düşüncenin sınırlarının ötesine taşımak için tamamen başka bir öge gereklidir.

İçe Dönmek

Meditasyonun içe dönmek ya da kendi içine kapanmakla ilgili olduğu izlenimine kolayca kapılabiliriz. Ancak "içerisi" ve "dışarısı" sınırlı ayrımlardır. Resmi meditasyon pratiğinin dinginliğinde, enerjimizi içe doğru çeviririz ve tüm dünyayı kendi zihnimizde ve bedenimizde barındırdığımızı keşfederiz.

Uzun süreler boyunca içimize döndüğümüzde mutluluğu, anlayışı ve bilgeliği sürekli olarak kendi dışımızda aramanın yoksulluğunu anlamaya başlarız. Bu Tanrı'nın, çevremizdekilerin ve diğer insanların mutlu olmamıza ya da tatmin bulmamıza yardımcı olamayacağı anlamına gelmez. Sadece mutluluğumuz, memnuniyetimiz ve anlayışımız, hatta Tanrı bile kendimizi içsel olarak tanıma kapasitemizden, kendi bedenimizde olmanın ve zihnimize ve bedenimize dair aşinalığın getirdiği rahatlıkla dış dünyayı deneyimleme yetimizden daha derin olmayacaktır.

Her günün bir kısmında dinginliğe dalıp içimize baktığımızda, içimizdeki en gerçek ve güvenilir olan ancak çok kolay bir şekilde gözden kaçan ve geliştirmediğimiz şeylere dokunuruz. Dış dünyanın çekiciliği karşısında kısa süre için bile olsa kendi içimizde merkezlenebildiğimizde bizi dolduracak ve mutlu edecek bir şeyi başka bir yerde aramak zorunda kalmadan, nerede olursak olalım ait olduğumuz yerde, anbean her şeyle barışık olabiliriz.

> Çiçekleri görmek için evinden çıkma.
> Dostum, bu gezintiyi yapmak için zahmete girme.
> Bedeninin içinde çiçekler var.
> Bir çiçeğin binlerce yaprağı var.
> Burası oturmak için yeterli olacaktır.
> Orada otururken güzelliğin farkına varacaksın
> Vücudun hem içinde hem dışında,
> Bahçelerden önce ve bahçelerden sonra.
>
> KABİR

Ağır olan, ışığın köküdür.
Hareketsiz olan tüm hareketlerin kaynağıdır.

Üstat bütün gün böyle seyahat eder
evden çıkmadan.
Manzara ne kadar muhteşem olursa olsun,
sakin bir şekilde kendi içinde kalır.
Ülkenin efendisi neden bir aptal gibi
oradan oraya savrulsun ki?
Kendinizi bir o yana bir bu yana savrulmaya bırakırsanız,
kökünüzle bağınızı kaybedersiniz.
Huzursuzluğun sizi hareket ettirmesine izin verirseniz,
kim olduğunuzla bağlantınızı kaybedersiniz.

LAO-TZU, *Tao-te-Ching*

Gözünü içeriye doğru çevir ve bul
Zihninde binlerce bölge
Henüz keşfedilmemiş. Oraları gez ve uzmanlaş
Ev kozmoğrafyasında.

THOREAU, *Walden*

DENEYİN: Bir dahaki sefere bir şeylerin eksik olduğuna veya tam olarak olması gerektiği gibi olmadığına dair bir tatminsizlik hissine kapıldığınızda, sadece bir deney yapmak için içinize dönün. İçinde bulunduğunuz anın enerjisini yakalayıp yakalayamayacağınıza bakın. Elinize bir dergi almak ya da sinemaya gitmek, bir arkadaşınızı aramak, yiyecek bir şeyler bulmak ya da şu ya da bu şekilde davranmak yerine kendinize bir alan açın. Oturun ve sadece birkaç dakikalığına da olsa nefes alıp vermeye başlayın. Hiçbir şey aramayın; ne çiçek, ne ışık, ne de güzel bir manzara. Hiçbir şeyin erdemlerini övmeyin ya da hiçbir şeyin yetersizliğini kınamayın. Kendi kendinize "Şimdi içime dönüyorum," diye bile düşünmeyin. Sadece oturun. Dünyanın merkezinde durun. Her şeyin kendi halinde var olmasına izin verin.

İKİNCİ BÖLÜM

Pratiğin Kalbi

Arkamızdakiler ve önümüzdekiler,
içimizdekilere kıyasla çok basit meselelerdir.
OLIVER WENDELL HOLMES

Oturma Meditasyonu

Oturmayı bu kadar özel yapan nedir? Genel olarak oturmaktan bahsediyorsak, hiçbir şey. Bu basitçe ayaklarımızdaki yükü hafifletmenin bir yoludur. Ancak meditasyon söz konusu olduğunda oturmak çok özeldir.

Bunu dışarıdan baktığınızda yüzeysel olarak kolayca anlayabilirsiniz. Bir kişiyi ayakta dururken, yatarken ya da yürürken gördüğünüzde meditasyon yaptığını anlamayabilirsiniz ama otururken gördüğünüzde, özellikle de yerde oturuyorsa bunu hemen anlarsınız. Gözler kapalı, yüz dingin ve huzurlu olsa bile, duruş her açıdan uyanıklığı temsil eder. Duruş, heybeti ve sağlamlığıyla dağ gibidir. Burada içten ve dıştan yayılarak çok şey anlatan bir istikrarlılık vardır. Kişi uyukladığı anda tüm bu nitelikler kaybolur. Zihin içe doğru, beden ise gözle görülür biçimde çöker.

Oturma meditasyonu genellikle uzun süreler boyunca dik ve asil bir duruşta oturmayı içerir. Dik bir duruş edinmek nispeten kolay olsa da bu sadece zorlu açılım sürecinin başlangıcıdır. Bedeninizi kolayca "sabitleyebilirsiniz" ama zihninizin ne yaptığı sorusu hâlâ gündemdedir. Oturma meditasyonunda özel bir beden duruşu benimsemek ne kadar etkili olursa olsun, tek mesele bu değildir. Bu, zihne karşı belirli bir duruş benimsemektir; zihnin oturmasıdır.

Oturduktan sonra şimdiki ana yaklaşmanın pek çok yolu vardır. Hepsi de yargılamadan, kasıtlı olarak dikkat etmeyi içerir. Farklılık gösteren şey neye ve nasıl dikkat ettiğinizdir.

İşi basit tutmak ve nefesinizle başlamak, nefes alıp verirken bunu hissetmek en iyisidir. Nihayetinde farkındalığınızı kendi düşüncelerinizin ve duygularınızın, algılarınızın ve dürtülerinizin, bedeninizin ve zihninizin tüm gidiş gelişlerini, dönüşlerini ve işleyişlerini gözlemleyecek şekilde genişletebilirsiniz. Ancak konsantrasyon ve bilinçli farkındalığın birçok farklı nesneyi bunların içinde kaybolmadan, belirli nesnelere bağlanmadan ya da sadece bunalmadan farkındalıkta tutabilecek kadar güçlü hale gelmesi biraz zaman alabilir. Çoğumuz için bu yıllar alır ve büyük ölçüde motivasyonunuza ve pratiğinizin yoğunluğuna bağlıdır. Bu nedenle başlangıçta nefeste kalmak isteyebilir veya bunu uzaklaştığınızda sizi geri getirecek bir çapa olarak kullanabilirsiniz. Bunu birkaç yıl deneyin ve ne olacağını görün.

DENEYİN: Her gün sadece var olmak için zaman ayırın. Beş dakika yeterli olur ya da on, yirmi ya da daha ileri gitmek istiyorsanız otuz dakika. Oturun ve tümüyle mevcut olmaktan başka bir amaç gütmeden anların ortaya çıkışını izleyin. Dikkatinizi şimdiki ana bağlamak için nefesi bir çapa olarak kullanın. Düşünen zihniniz, zihninizde hareket eden akıntılara ve rüzgârlara bağlı olarak oraya buraya sürüklenecektir, ta ki bir noktada çapa ipi gerginleşip sizi geri getirene kadar. Bu çok sık olabilir. Dikkatiniz her dağıldığında onu tüm canlılığıyla nefese geri getirin. Duruşunuz dik olsun ama kaskatı olmasın. Kendinizi bir dağ gibi düşünün.

Yerinizi Almak

Mindere veya sandalyeye "yerinizi alma" hissiyle yaklaşmak faydalı olacaktır. Oturma meditasyonu gelişigüzel bir şekilde bir yere oturmaktan farklıdır. Yerinizi alırken oturuşunuzun ifadesinde hem yer seçiminden hem de bedeninizi dolduran bilinçli farkındalıktan kaynaklanan bir enerji mevcuttur. Oturuyor olsanız bile beden pozisyonunuz, "bir duruş sergilemek" sözündeki gibi bir duruşu temsil eder. Burada bedenin, zihnin ve anın yerini ve yerleşimini onurlandırmaya dair güçlü bir his vardır.

Meditasyon yapmak için tüm bunları aklımızda tutarak ancak konuma veya duruşa herhangi bir yatırım yapmadan yerimizi alırız. Gerçekten de iç ve dış mekânlarda belirli "güç noktaları" olabilir ancak bu duruş sergileme tutumu sayesinde herhangi bir yerde herhangi bir pozisyonda oturabilir ve evde hissedebilirsiniz. Zihniniz ve bedeniniz vücudu, zamanı, yeri ve duruşu farkındalık içinde tutma konusunda işbirliği yaptığında ve bunun belirli bir şekilde olması gerektiği fikrine bağlı kalmadığında, gerçekten oturmuş olursunuz.

Asalet

Oturma duruşunu tanımlamak için en uygun kelime "asalet"tir.

Meditasyon yapmak için oturduğumuzda, duruşumuz bizimle iletişim kurar. Kendi ifadesini ortaya koyar. Duruşun kendisinin meditasyon olduğunu söyleyebilirsiniz. Kambur durmamız düşük enerjiyi, pasifliği ve net olmamayı yansıtır. Dümdüz oturmamız ise gergin olduğumuzu, çok fazla çaba sarf ettiğimizi, çok uğraştığımızı gösterir. Eğitim ortamlarında "asalet" kelimesini kullandığımda, örneğin "Asaleti yansıtacak şekilde oturun," dediğimde herkes hemen daha dik oturacak şekilde duruşunu değiştirir. Ama kasılmazlar. Yüzler gevşer, omuzlar düşer, baş, boyun ve sırt kolayca hizalanır. Omurga enerjik bir şekilde pelvisten dışarı doğru yükselir. Bazen insanlar öne doğru, sandalyelerinin arkasından uzakta, daha özerk bir şekilde oturma eğilimi gösterirler. Herkes içsel asalet hissini ve bunu nasıl somutlaştıracağını biliyor gibi görünür.

Belki de zaman zaman halihazırda asil, layık ve değerli olduğumuza dair küçük hatırlatmalara ihtiyaç duyuyoruzdur. Bazen geçmişten taşıdığımız yaralar ya da geleceğin belirsizliği nedeniyle bunu tam olarak hissedemeyiz. Kendiliğinden değersiz hissetmeye başlamış olmamız zordur. Değersiz hissetmek için teşvik edildik. Değersiz hissetmek bize küçükken binlerce şekilde öğretildi ve biz de dersimizi iyi öğrendik.

Dolayısıyla meditasyonda yerimizi aldığımızda ve kendimize asaletle oturmayı hatırlattığımızda orijinal değerliliğimize geri dönmüş oluruz. Bu bile başlı başına bir beyandır. Benliğimizin bizi dinleyeceğinden emin olabilirsiniz. Peki, biz de dinlemeye hazır mıyız? Şu anda ve öteki anlarda doğrudan deneyimin akışını dinlemeye hazır mıyız?

DENEYİN: Otuz saniye boyunca asaletle oturun. Nasıl hissettiğinize dikkat edin. Asaletle ayakta durmayı deneyin. Omuzlarınız nasıl duruyor? Omurganız, başınız ne durumda? Asaletle yürümek ne anlama gelebilir?

Duruş

Sağlam bir niyetlilikle oturduğunuzda bedenin kendisi de derin bir inanç ve bağlılık ifadesi ortaya koyar. Bunlar içe ve dışa doğru yayılır. Asil bir oturuşun kendisi özgürlüğü ve yaşamın uyumunu, güzelliğini ve zenginliğini onaylar.

Bazen bununla temas halinde hissedersiniz, bazen de hissetmeyebilirsiniz. Depresif, baskı altında, kafanız karışık hissettiğinizde bile oturmak şu anda yaşanan hayatın gücünü ve değerini doğrulayabilir. Kısa bir süre için bile olsa oturmayı sürdürecek sabrı toplayabilirseniz, bu sizi varlığınızın özüyle temasa geçirebilir. Bu alan yukarıda ya da aşağıda, özgür ya da baskı altında, açık görüşlü ya da kafası karışık olmanın ötesindedir. Bu öz, farkındalığın kendisine benzer, zihinsel durumla veya yaşam koşullarıyla dalgalanmaz. Bu bir ayna gibidir, önüne geleni tarafsız bir şekilde yansıtır. Bu mevcut olan her ne varsa, hayatınızı sarsan veya sizi bunaltan her ne olduysa, bunların kaçınılmaz olarak değişeceğini bilmeyi ve sırf bu nedenle sadece şimdiki anın aynasında durmayı; bunu izlemeyi, bunun varlığını kucaklamayı, tıpkı nefesinizden faydalandığınız gibi bunun ortaya çıkışından da faydalanmayı ve er geç harekete geçmenin, uzlaşmanın, atlatmanın ve ötesine geçmenin bir yolunu bulacağınıza inanmayı içerir. Bu çabalamaktan ziyade izleyerek, bir şeylerin olmasına izin vererek ve bunları anbean tam olarak hissederek gerçekleştirilebilir.

Bilinçli farkındalıkla oturma meditasyonu yapmak sorunlardan veya zorluklardan kaçıp bir tür "meditatif" içe kapanma veya inkâr durumuna geçme girişimi değildir. Aksine eğer şimdiki ana hâkim olan şey acı, kafa karışıklığı veya kayıpsa bunlarla burun buruna gelmeye ve düşünmenin ötesinde, uzun bir süre boyunca gözlemleyerek kalmaya istekli olmak demektir. Oturma pozisyonundayken nefesinizle birlikte durumu zihninizde taşıyarak anlamaya çalışırsınız.

Zen geleneğinde bir öğretmen (Shunru Suzuki Roshi) bunu şu şekilde ifade etmiştir: "Doğru duruşta oturduğunuzda var olan zihin durumunun kendisi aydınlanmadır... Bu biçimler [oturma meditasyonu] doğru zihin durumunu elde etmenin araçları değildir. Bu duruşun kendisi doğru zihin durumudur." Oturma meditasyonunda, kendi en gerçek doğanıza zaten dokunursunuz.

Dolayısıyla oturma meditasyonu yaptığımızda, bu her şeyden önce bedeninizin bir varoluş tavrını onaylayacağı, yayacağı, duyuracağı, her an karşınıza çıkan her şeyi kabul etmeye ve onaylamaya kararlı olduğunuzu göstereceği şekilde oturmak anlamına gelir. Bu tutum bağlılıktan uzak ve sarsılmaz bir istikrar biçimidir; tıpkı berrak bir ayna gibi kendisi boş olsa da kabullenici ve açık bir şekilde sadece olanı yansıtır. Bu tutum duruşta, tam da seçtiğiniz oturma şeklinde kendini gösterir. Duruş, tutumu somutlaştırır.

Bu nedenle pek çok kişi oturma pratiğinde konsantrasyonu ve bilinçli farkındalığı derinleştirmek için dağ imgesini faydalı bulur. Yükseklik, büyüklük, heybet, hareketsizlik, köklülük gibi niteliklerin çağrıştırılması, bu nitelikleri doğrudan duruşa ve tutuma getirmeye yardımcı olur.

Bu nitelikleri meditasyonunuza her zaman davet etmeniz önemlidir. Ortaya çıkan herhangi bir zihin durumu karşısında, özellikle de ciddi bir sıkıntı veya kargaşa içinde değilken asaleti, dinginliği ve sarsılmaz bir soğukkanlılığı tekrar tekrar uygulamak, aşırı stres ve duygusal çalkantı dönemlerinde bile bilinçli farkındalığı ve soğukkanlılığı sürdürmek için sağlam ve güvenilir bir temel sağlayabilir. Ancak bu sürekli ve tekrar tekrar pratik yaparsanız işe yarayacaktır.

Bunu yapmak her ne kadar cazip gelse de bilinçli farkındalığa nasıl sahip olunacağını anladığınızı düşünüp bunu sadece büyük olayların yaşandığı anlara saklayamazsınız. Bu olayların sahip olduğu büyük güç, soğukkanlılık ve bilinçli farkındalığa dair tüm fikirlerinizle birlikte sizi etkisi altına alacaktır. Meditasyon pratiği hendek kazmak, üzüm bağlarında çalışmak, bir göleti kovayla boşaltmak gibi yavaş ve disiplinli bir iştir. Bu tüm anların ve bütün bir ömrün çalışmasıdır.

Meditasyondan Çıkmak

Resmi bir meditasyon sürecinin son anlarının kendine has karmaşık bir topolojisi vardır. Bitirme beklentisiyle birlikte bilinçli farkındalık gevşeyebilir. Bununla nasıl başa çıktığınız önemlidir. Bizi bilinçli farkındalığımızı derinleştirmek ve menzilini genişletmek için zorlayan şey, tam da bu tür geçişlerdir.

Resmi bir pratik sürecinin sonuna doğru özellikle dikkatli olmazsanız, meditasyonun nasıl sona erdiğine dair hiçbir farkındalık olmadan başka bir şey yapmaya başlarsınız. Bu geçiş, en iyi ihtimalle bulanık olacaktır. Size durma zamanının geldiğini söyleyen düşünce ve dürtülerle temas halinde olarak bu sürece bilinçli farkındalık katabilirsiniz. İster bir saat ister üç dakika hareketsiz kalmış olun, aniden güçlü bir his "Bu kadar yeter," diyebilir. Ya da saatinize bakarsınız ve bırakmayı düşündüğünüz zamanın geldiğini görürsünüz.

Meditasyon pratiğinizde, özellikle de yönlendirme için bir ses kaydı kullanmadığınız zamanlarda ilk bırakma dürtüsünü ve bunu takip eden ve giderek güçlenen diğer dürtüleri tespit edip edemediğinize bakın. Her dürtüyü fark ettiğinizde birkaç dakika onunla nefes alın ve kendinize "Bu kimin için yeterli?" diye sorun. Dürtünün arkasında ne olduğuna bakmayı deneyin. Yorgunluk, can sıkıntısı, acı veya sabırsızlık mı? Yoksa sadece durma zamanı mı geldi? Durum ne olursa olsun, otomatik olarak ayağa fırlamak veya devam etmek yerine bu sorgulama sonucunda ortaya çıkan şeyle kalmayı, onunla birkaç dakika veya daha uzun süre nefes almayı ve meditasyon duruşunuzdan çıkmanın meditasyondaki diğer anlar kadar anbean farkındalık nesnesi olmasına izin vermeyi deneyin.

Bu şekilde pratik yapmak, bir şeyi bitirmeyi ve başka bir şeye geçmeyi içeren birçok farklı durumda bilinçli farkındalığı artırabilir. Bu durum bir kapıyı kapatırken bunu farkında olarak yapmak kadar basit ve kısa olabileceği gibi, hayatınızdaki bir dönemin sona ermesi kadar karmaşık ve acı verici de olabilir. Bir kapıyı kapatmak ileri düzey bir otomatiklik içerebilir çünkü genel düzende bu çok önemsizdir (tabii içeride bir bebek uyumuyorsa).

Ancak tam da nispeten önemsiz olduğu için kapıyı bilinçli farkındalıkla kapatmak duyarlılığımızı, tüm anlarla temas halinde olma kapasitemizi harekete geçirir, derinleştirir ve alışkanlık haline gelmiş bilinçsizliğimizin bazı derin kırışıklıklarını düzeltir.

İlginçtir ki kendi yaşlanmamız ve ölümümüz de dâhil olmak üzere en önemli bitişlerimiz ve yaşam geçişlerimizde de aynı derecede hatta daha bilinçsiz davranışlar ortaya çıkabilir. Burada da bilinçli farkındalığın iyileştirici etkileri olabilir. Duygusal acımızın (keder, üzüntü, utanç, hayal kırıklığı, öfke ve hatta neşe veya memnuniyet) tam etkisini hissetmeye karşı o denli savunmaya geçebiliriz ki bilinçsizce kendimize herhangi bir şey hissetme veya ne hissettiğimizin farkına varma izni vermediğimiz bir uyuşukluk bulutuna saklanırız. Bilinçsizlik gelip geçiciliğin iş başında olduğunu görmek, kişiselleştirilmiş duygusal yatırımlarımızın altında yatan varlığın ve oluşun evrensel ve kişisel olmayan yönleriyle temasa geçmek, küçük, kırılgan ve geçici olmanın gizemine dokunmak ve değişimin mutlak kaçınılmazlığıyla barışmak için en büyük fırsatlar olabilecek anların üzerini tıpkı bir sis gibi örter.

Zen geleneğinde grup halinde oturarak yapılan meditasyonlar bazen tahta tokmakların kuvvetle birbirine vurulmasıyla sonlandırılır. Bir oturuşun sonunu kolaylaştırmak adına yumuşak bir çan sesiyle romantik bir oyalanma olmaz. Burada bırakma zamanının geldiğine dair bir mesaj verilir; artık devam etme vaktidir. Tokmaklar birbirine vurduğunda, hafiften de olsa hayal kurar haldeyseniz ses sizi irkiltecek ve aslında ne kadar az anda olduğunuza işaret edecektir. Bu ses size oturuşun çoktan bittiğini ve şimdi yeni bir anda olduğunuzu, yeniden yüzleşmeniz gerektiğini hatırlatır.

Diğer geleneklerde, grup oturumlarının sonunu belirtmek için bir zil hafifçe çalar. Zilin yumuşaklığı sizi geri getirir ve aynı zamanda zilin çaldığı anda zihninizin dağınık olup olmadığına da işaret eder. Dolayısıyla bir oturumu sonlandırmak söz konusu olduğunda, yumuşak ve nazik ses de iyidir sert ve yüksek ses de. Her ikisi de bize geçiş anlarında tamamen mevcut olmamızı, tüm sonların aynı zamanda başlangıçlar olduğunu, Diamond

Sutra'nın sözleriyle en önemli olanın "hiçbir şeye tutunmayan bir zihin geliştirmek" olduğunu hatırlatır. Ancak o zaman her şeyi gerçekte olduğu şekliyle görebilir ve duygusal kapasitemizin ve bilgeliğimizin tamamıyla karşılık verebiliriz.

> Üstat her şeyi olduğu gibi görür
> onları kontrol etmeye çalışmadan.
> Kendi yollarından gitmelerine izin verir
> ve dairenin merkezinde ikamet eder.
>
> LAO-TZU, *Tao-te-Ching*

DENEYİN: Meditasyonlarınızı nasıl sonlandırdığınıza yönelik farkındalık geliştirin. İster yatarak ister oturarak ister ayakta ya da yürüyerek olsun, meditasyonu "kimin", nasıl, ne zaman ve neden bitirdiğine odaklanın. Bunu ya da kendinizi hiçbir şekilde yargılamayın. Sadece gözlemleyin ve bir şeyden diğerine geçiş haliyle temasta kalın.

Ne Kadar Süre Pratik Yapılır?

Soru: Dr. Kabat-Zinn, ne kadar süre meditasyon yapmalıyım?
Cevap: Ben nereden bileyim?

Meditasyonun ne kadar süreceği sorusu sürekli gündeme gelir. Hastanedeki hastalarla yaptığımız meditasyon çalışmalarımızın başlangıcında, hastaların en baştan itibaren nispeten uzun süreli pratikler yapmalarının önemli olduğunu düşündük. İnsanlardan çok şey talep ederseniz ya da kendilerinden çok şey talep etmelerini isterseniz, çok şey elde edeceğiniz ve buna karşın çok az şey talep ederseniz, çok az şey elde edeceğiniz ilkesine güçlü bir şekilde inandığımız için her gün evde yapılması gereken temel pratik süresini kırk beş dakika olarak belirledik. Kırk beş dakika dinginliğe kavuşmak, anbean dikkati sürdürmek ve en azından derinleşen bir rahatlama ve esenlik hissini tatmak için yeterince uzun görünüyordu. Aynı zamanda bu süre hayatımıza karşı kontrolümüzü ve sakin kalma becerimizi zedelediklerinden genellikle kaçındığımız daha zorlu zihin süreçleriyle ilgilenmek için de yeterince uzun gibiydi. Bu zihin süreçleri elbette can sıkıntısı, sabırsızlık, hayal kırıklığı, korku, endişe (buna meditasyonla zaman kaybetmek yerine yapabileceğiniz işler hakkında endişelenmek de dâhildir), fantezi, anılar, öfke, acı, yorgunluk ve kederdir.

Bu konudaki sezgimiz doğru çıktı. Kliniğimize gelen insanların çoğu, en azından sekiz haftalık bir süre boyunca her gün kırk beş dakika pratik yapmak adına hayatlarının günlük işleyişinde pek kolay olmayan değişiklikler yaptı. Ve birçoğu bu yeni yaşam tarzından kesinlikle sapmıyor. Bu sadece zamanla kolaylaşmakla kalmıyor; gerekli bir hale, bir yaşam tarzı haline geliyor.

Ancak olaylara bu şekilde bakmanın bir de öteki yüzü var. Bir kişi için hayatının bir döneminde zor ama yapılabilir olan şey, aynı kişi için başka bir dönemde neredeyse imkânsız hale gelebilir. "Uzun" ve "kısa" algıları tamamen görecelidir. Küçük çocukları olan bekar bir annenin herhangi bir şey için kırk beş dakika ayırabilmesi pek olası değildir. Bu meditasyon yapamayacağı anlamına mı gelir?

Hayatınız sürekli bir kriz içindeyse ya da kendinizi sosyal ve ekonomik kaosun içinde buluyorsanız, zamanınız olsa bile uzun süre meditasyon yapacak psişik enerjiyi bulmakta zorlanabilirsiniz. Özellikle de sadece başlamak için bile gününüzde kırk beş dakikalık bir boşluk olması gerektiğini düşünme eğilimindeyseniz, sürekli olarak bir şeyler araya giriyormuş gibi gözükebilir. Diğer aile üyelerinin yaşamları etrafındaki sıkışık alanlarda pratik yapmak, günlük pratik için engel haline gelebilecek rahatsız edici duygulara neden olabilir.

Tıp öğrencilerinin rutin bir şekilde eylemsizlik için uzun süreler ayırması beklenemeyeceği gibi, yüksek stresli işlerde ve zorlu durumlarda çalışan pek çok kişi de bunu yapamaz. Meditasyonu merak eden ancak rahatlık sınırlarını ve kendi zamansal baskı ya da konfor anlayışlarını zorlamak için yeterince güçlü bir neden bulamayan kişiler de bunu yapamaz.

Yaşamlarında denge arayanlar için bu yaklaşımda belli bir esneklik benimsemek faydalı olmakla kalmaz, aynı zamanda şarttır. Meditasyonun süreyle pek ilgisi olmadığını bilmek önemlidir. Beş dakikalık resmi meditasyon pratiği, kırk beş dakikalık olan kadar hatta belki daha da derin olabilir. Gerçekten de dakikalardan ve saatlerden çıkıp tam anlamıyla boyutsuz ve dolayısıyla sonsuz olan anlara adım atmaktan bahsettiğimiz için çabanızdaki samimiyet süreden çok daha önemlidir. Bu yüzden önemli olan kısa bir süreliğine de olsa pratik yapmak için motivasyonunuzun olmasıdır. Tıpkı küçük bir alevin güçlü hava akımlarından korunması gerektiği gibi, bilişsel farkındalığın da tutuşturulup beslenmesi ve yoğun bir hayatın yarattığı rüzgârlardan veya huzursuz ve eziyet dolu bir zihinden korunması gerekir.

İlk başta sadece beş dakika hatta bir dakika bile bilinçli farkındalıkla yaşayabilmeniz gerçekten harika bir durumdur. Bu durmanın, bir an için bile olsa yapmaktan olmaya geçmenin değerini çoktan kavramışsınız demektir.

Tıp eğitiminin stresiyle ve bazen de travmasıyla baş etmelerine yardımcı olmak için tıp öğrencilerine, performanslarını optimize etmek için bedenleriyle birlikte zihinlerini de eğitmek isteyen üniversite sporcularına, meditasyonun yanı sıra başka pek çok şey öğrenmesi gereken pulmoner rehabilitasyon programındaki kişilere veya öğle arası stres azaltma sınıfındaki çalışanlara meditasyon öğretirken, günde kırk beş dakika pratik yapmaları konusunda ısrar etmiyoruz. (Bunu sadece kendi hastalarımızla ya da kendi özel nedenleriyle böylesine yoğun bir yaşam tarzı değişikliği yapmaya hazır olan kişilerle yapıyoruz). Bunun yerine onları her gün on beş dakika ve eğer başarabilirlerse günde iki kez pratik yapmaya davet ediyoruz.

Düşünürseniz çok azımız (ne iş yaparsak yapalım ya da hangi durumda olursak olalım) yirmi dört saat içinde on beş dakikalık bir ya da iki blok zaman ayıramayacak durumdayız. On beş değilse bile, on ya da beş dakika ayırabiliriz.

15 santim uzunluğundaki bir çizgide sonsuz sayıda nokta olduğunu ve bir santim uzunluğundaki bir çizgide de bir o kadar nokta olduğunu hatırlayın. Peki o zaman on beş dakikada kaç an vardır? Beş dakikada? Kırk beş dakikada? Herhangi bir anı farkındalık içinde tutmaya istekliysek, bolca zamanımız olduğu ortaya çıkacaktır.

Bilinçli farkındalığın özünde pratik yapma niyetini oluşturmak ve ardından bir anı (herhangi bir anı) yakalamak ve onu içsel ve dışsal duruşunuzda tam olarak deneyimlemek yatar. Uzun ve kısa pratik sürelerinin her ikisi de iyidir ancak hayal kırıklığınız ve yolunuzdaki engeller çok büyükse "uzun" pratik asla kendini göstermeyebilir. Algılanan engeller çok büyük olduğu için bilinçli farkındalığı veya dinginliği hiç tatmamaktansa, kendi başınıza yavaş yavaş daha uzun uygulama sürelerine doğru ilerlemek çok daha iyidir. Binlerce kilometrelik bir yolculuk gerçekten de tek bir adımla başlar. O adımı atmaya karar verdiğimizde (bu durumda, en kısa süreliğine bile olsa yerimizi aldığımızda) her an zamansız olana dokunabiliriz. Tüm faydalar bundan ve yalnızca bundan gelir.

Beni gerçekten aradığınızda, anında göreceksiniz;
beni zamanın en küçük evinde bulacaksınız.

KABİR

DENEYİN: Farklı süreler boyunca pratik yapmak için oturun. Bunun pratiğinizi nasıl etkilediğini görün. Daha uzun süre oturdukça konsantrasyonunuz azalıyor mu? Ne kadar süre daha böyle durmanız gerektiğine takılıyor musunuz? Bir noktada sabırsızlık ortaya çıkıyor mu? Zihin tepkisel veya takıntılı hale geliyor mu? Huzursuzluk var mı? Anksiyete? Can sıkıntısı? Zamansal baskılar? Uyku hali? Sersemlik? Meditasyonda yeniyseniz kendinizi "Bu aptalca," ya da "Doğru mu yapıyorum?" veya "Hissetmem gereken tek şey bu mu?" derken buluyor musunuz?

Bu hisler hemen mi başlıyor yoksa bir süre sonra mı ortaya çıkıyor? Bunları zihin durumları olarak görebiliyor musunuz? Kısa süre için bile olsa, bunları ve kendinizi yargılamadan gözlemleyebilir misiniz? Eğer bu duygulara kucak açar, niteliklerini araştırır ve onları kendi hallerine bırakırsanız içinizde neyin güçlü ve sarsılmaz olduğu konusunda çok şey öğrenebilirsiniz. Ve içinizdeki güçlü şey, siz içsel istikrarı ve sakinliği besledikçe daha da güçlü hale gelebilir.

Tek Bir Doğru Yol Yok

Ailemle birlikte Teton vahşi doğasında sırt çantamla gezerken, adımımı yerleştirmekte sürekli olarak sorun yaşıyorum. Her adımda ayak bir yere inmek zorunda. Kayalıklara, dik yokuşlara, patikalara tırmanırken veya oralardan inerken, ayaklarımız nereye ve nasıl ineceğimize, hangi açıyla, ne kadar basınçla, topukla mı parmakla mı, dönerek mi düz mü ineceğimize dair anlık kararlar verir. Çocuklar hiç şu soruları sormaz: "Baba, ayaklarımı nereye koyacağım? Bu kayaya mı basmalıyım yoksa şuna mı?" Sadece yaparlar ve bir yol bulurlar; her adımda ayaklarını nereye koyacaklarını seçerler ve bunu sadece benim adımımı koyduğum yere göre yapmazlar.

Bu bana ayaklarımızın kendi yolunu bulduğunu anlatıyor. Kendi ayaklarımı izlediğimde her adımda ayağımı kaç farklı yere, kaç farklı şekilde koyabileceğime ve bu anlık potansiyelin ortaya çıkmasıyla ayağımın nihayetinde bir yöne karar vermesine, tüm ağırlığıyla (ya da tehlikeli bir durumsa daha azıyla) hareket etmesine ve ben ilerlerken ve diğer ayak seçimini yaparken serbest kalmasına hayret ediyorum. Tüm bunlar en küçük kızım Serena'ya yardım etmek zorunda kaldığım, düşünce ve deneyimin devreye girdiği zorlu noktalar dışında neredeyse hiç düşünmeden gerçekleşiyor. Ama bu istisnai bir durum. Normalde ayaklarımıza bakıp her adımı düşünmeyiz. Öteye, patikanın ilerisine bakarız; beynimiz her şeyi kavrayarak bizim için anlık kararlar verir ve ayağımızı o anda ayaklarımızın altındaki arazinin gerektirdiklerine uygun bir şekilde yere basmamızı sağlar.

Bu adım atacak yanlış bir yol olmadığı anlamına gelmez. Dikkatli olmanız ve ayağınızı yere sağlam basmanız gerekir. Sadece gözler ve beyin araziyi hızlı bir şekilde değerlendirmede ve gövdeye, uzuvlara ve ayaklara ayrıntılı talimatlar vermede çok iyidir. Bu nedenle engebeli zeminde adım atma sürecinin tamamı, botların ve ağır çantaların karmaşıklığına rağmen hareket halindeki mükemmel dengeye güzel bir örnektir. Burada yerleşik bir bilinçli farkındalık mevcuttur. Engebeli arazi içimizdeki bilinçli farkındalığı ortaya çıkarır. Ve bir patikayı on kez yürüsek bile, her bir adımdaki sorunu her seferinde farklı şekilde çözeriz. Yaya olarak kat ettiğimiz yol her zaman şimdiki anın benzersizliğinden ortaya çıkar.

Meditasyonda da durum aynıdır. Pratik etmenin gerçekten tek bir "doğru yolu" yoktur ancak bu yolda da tuzaklar vardır ve bunlara dikkat etmek gerekir. En iyisi her anı tazelikle, o anın zengin potansiyelinin farkındalığıyla karşılamaktır. Buna derinlemesine bakarız ve ardından bir sonraki ana geçeriz, bir önceki ana bağlı kalmayız. Bu durumda her an taze olabilir; her nefes yeni bir başlangıç, yeni bir vazgeçiş, yeni bir kendini bırakış olabilir. Tıpkı kayalık araziye adım attığımızda olduğu gibi burada da "olması gereken" yoktur. Doğru, bu yolda görülecek ve anlaşılacak çok şey vardır ama bu zorla yapılmaz. Tıpkı birini buğday tarlaları üzerinde parlayarak batan güneşin altın ışığına ya da dağların ardından doğan aya şükretmeye zorlayamayacağınız gibi... En iyisi böyle anlarda hiç konuşmamaktır. Yapabileceğiniz tek şey, bu anın muazzamlığıyla var olmak ve başkalarının da anın sessizliğinde bunu görmesini ummaktır. Gün batımları ve ay doğumları kendi dillerinde, kendi tuvallerinde kendileri adına konuşur. Sessizlik zaman zaman yabani olanın konuşması için alan bırakır.

Aynı şekilde meditasyon pratiğinde de kişinin kendi doğrudan deneyimine tutunması ve onu onurlandırması ve hissettiği, gördüğü, düşündüğü şeyin gerçekten doğru olup olmadığı konusunda endişelenmem si en iyisidir. Neden bu andaki deneyiminize tıpkı kayaların üzerinde ilerlerken sizi dengede tutacak bir yol bulması için ayağınıza güvendiğiniz gibi güvenmeyesiniz? Güvensizlik ve bir otoritenin deneyiminizi (ne kadar küçük olursa olsun ve genellikle öyledir) kutsamasını istemek gibi güçlü bir alışkanlık karşısında bu tür bir güven pratiği yaparsanız, süreç boyunca derinleşen nitelikte bir şeylerin gerçekleştiğini göreceksiniz. Hem ayaklarımız hem de nefesimiz bize adımlarımıza dikkat etmeyi, bilinçli farkındalıkla ilerlemeyi, ayaklarımız bizi nereye götürürse götürsün her an gerçekten evimizde olmayı, bulunduğumuz yerin kıymetini bilmeyi öğretir. Bundan daha büyük bir hediye olabilir mi?

DENEYİN: Meditasyon sırasında aklınıza gelen şu tür düşüncelerin farkında olun: "Bunu doğru mu yapıyorum?", "Hissetmem gereken bu mu?", "Olması 'gereken' şey bu mu?" Bu soruları yanıtlamaya çalışmak yerine, sadece şimdiki ana daha derinlemesine bakın. Tam da bu anda farkındalığınızı genişletin. Soruyu nefesinizle ve bu özel anın tüm bağlamıyla birlikte farkındalık içinde tutun. Şu anda "bu" her ne ve her neresi ise olması gereken olduğuna güvenin. Şimdiki anın "bu"su her ne ise ona derinlemesine bakarak bilinçli farkındalığın sürekliliğini koruyun. Analiz etmeden, dikte etmeden, yargılamadan, kınamadan veya şüphe etmeden bir anın diğerine açılmasına izin verin. Sadece gözlemleyin, kucaklayın, açın, olmasına izin verin, kabul edin. Tam şu anda… Sadece bu adım… Sadece bu an…

"Benim Yolum Nedir?" Meditasyonu

Çocuklarımıza kolaylıkla işlerin kendi istedikleri gibi gitmeyeceğini, hatta bunu istemenin yanlış bir şey olduğunu ima ediyoruz. "Neden olmasın anne?", "Neden olmasın baba?" diye sormaya devam edip cevaplarımızı ve sabrımızı tükettiklerinde de onları "Boş ver. Beni dinle işte. Büyüdüğünde anlayacaksın," diye yanıtlıyoruz.

Ama bu biraz haksızlık değil mi? Biz yetişkinler de tıpkı çocuklarımız gibi davranmıyor muyuz? Mümkün olsa her zaman her şeyin kendi istediğimiz şekilde olmasını istemez miyiz? Bu konuda onlar kadar dürüst ve açık olmamamız dışında çocuklarla aramızdaki fark ne? Peki, yolumuzu çizebilseydik ne olurdu? Masallarda bir cin, cüce ya da cadı tarafından kendilerine üç dilek hakkı verilen insanların başlarına gelen sıkıntıları hatırlıyor musunuz?

Maine halkı kendilerinden yol tarifi istendiğinde "Buradan oraya gidemezsin," diye cevaplamalarıyla ünlüdür. Yaşamın gittiği yönler açısından belki de "Oraya ancak tamamen buradaysan gidebilirsin," demek daha doğru olacaktır. Kaçımız kaderin işleyişindeki bu küçük cilvenin farkındayız? İstediğimiz yöne gidebilecek olsaydık, bu yönün ne olduğunu bilebilir miydik? İstediğimizi elde etmek herhangi bir şeyi çözer miydi, yoksa genellikle odaklanmamış zihnimizden kaynaklanan isteklerimizi gerçekleştirmek hayatımızı sadece daha zor bir hale mi getirirdi?

Buradaki asıl ilginç soru şudur: "Gitmem gereken yol tam olarak nedir?", yani "Yolum" nedir? Hayatımızı nadiren bu kadar derin düşünürüz. "Ben kimim?", "Nereye gidiyorum?", "Hangi yoldayım?", "Bu benim için doğru yol mu?", "Tam şu an bir yol seçebilseydim, nereye giderdim?", "Arzum, yolum hangisi?", "Neyi gerçekten seviyorum?" gibi temel sorulara ne sıklıkla kafa yoruyoruz?

"Benim Yolum Nedir?" sorusu üzerine düşünmek meditasyon pratiğimize dâhil edebileceğimiz harika bir ögedir. Bu soruya bir cevap bulmamıza gerek yoktur, hatta bunun belirli bir cevabı olması gerektiğini de düşünmemeliyiz. Cevabı hiç düşünmemek daha da iyidir. Cevabı düşünmek yerine sadece soruyu sormaya devam edin, ortaya çıkacak cevapların kendiliğinden oluşmasına ve kendiliğinden kaybolmasına izin verin. Diğer her şeyde olduğu gibi meditasyon pratiğinde de sadece izler, dinler, not eder, oluruna ve akışına bırakıp "Yolum nedir?", "Ben kimim?" sorularını sormayı sürdürürüz.

Buradaki amaç bilmeme durumuna açık olmak, belki "Bilmiyorum," itirafında bulunma noktasına gelmeye izin vermek ve ardından bu bilmeme durumu için kendinizi kınamak yerine biraz gevşemeyi deneyimlemektir. Sonuçta bu şu anda sizin için durumun nasıl olduğuna dair doğru bir ifade olabilir.

Bu tür bir sorgulamanın kendisi yeni açılımlara, yeni anlayışlara, öngörülere ve eylemlere yol açar. Sorgulama bir süre sonra kendi başına bir varlık kazanır. Varlığınızın gözeneklerine nüfuz eder ve yavan, sıkıcı ve rutin olana yeni bir soluk, canlılık ve zarafet getirir. Sorgulama sizin yaptığınız bir şeyden, sizi şekillendiren bir şey haline dönüşecektir. Bu gönlünüze en yatkın yolu bulmak için iyi bir yöntemdir. Ne de olsa yolculuk kahramanca bir yolculuktur ancak uyanıklıkla ve maceracı bir sorgulama azmiyle canlanırsa çok daha büyük bir yolculuk haline gelecektir. Bir insan olarak siz, evrensel kahramanın efsanevi yolculuğunda, masalda, Arthurvari bir arayışta ana kahramanısınız. Hem erkekler hem de kadınlar için bu yolculuk doğum ve ölüm arasındaki güzergâhtır, yaşanılan bir insan ömrüdür. Hiç kimse maceradan kaçamaz. Sadece onunla farklı şekilde çalışırız.

Kendi yaşam serüvenimizle temas halinde olabilir miyiz? Kendi insanlığımızı ortaya çıkarabilir miyiz? Karşılaştığımız zorlukları üstlenebilir miyiz; hatta kendimizi sınamak, büyümek, ilkeli bir şekilde hareket etmek, kendimize karşı dürüst olmak, kendi yolumuzu bulmak için bunları arayıp en nihayetinde de sadece bu yola sahip olmakla kalmayıp, daha da önemlisi bunu yaşayabilir miyiz?

Dağ Meditasyonu

Meditasyon söz konusu olduğunda tüm kültürlerde arketipik bir öneme sahip olan dağların öğreteceği çok şey bulunur. Dağlar kutsal yerlerdir. İnsanlar her zaman dağlarda ve dağların arasında ruhani rehberlik ve tazelenme arayışında olmuşlardır. Dağ dünyanın ana ekseninin (Meru Dağı), tanrıların ikamet ettiği yerin (Olimpos Dağı), ruhani liderin Tanrı ile karşılaştığı ve onun emirlerini aldığı yerin (Sina Dağı) sembolüdür. Dağlar kutsal sayılır, dehşeti ve uyumu, sertliği ve görkemi barındırır. Gezegenimizde diğer her şeyin üzerinde yükselerek, salt varlıklarıyla bizi davet eder ve bunaltırlar. Doğaları elementseldir, kayadır. Kaya gibi sert. Kaya gibi sağlam. Dağlar doğal dünyanın panoramasına ve bunun yaşamın kırılgan ama azimli kökleriyle kesiştiği yere temas edebileceğimiz hayallerin yeridir. Dağlar tarihimizde ve tarih öncesinde kilit roller oynamıştır. Geleneksel halklar için dağlar anne, baba, koruyucu, kollayıcı ve müttefik olmuştur ve olmaya devam etmektedir.

Meditasyon pratiğinde bazen dağların bu harika arketipik niteliklerini "ödünç almak" ve bunları niyetimizi güçlendirmek ve anı temel bir saflık ve sadelikle tutma kararlılığımızı desteklemek için kullanmak yararlı olabilir. Zihnin gözünde ve bedende tutulan dağ imgesi, ilk etapta neden oturduğumuza ve her oturduğumuzda eylemsizlik alanına geçmenin gerçekte ne anlama geldiğine dair hafızamızı tazeleyebilir. Dağlar esasen sadık mevcudiyetin ve dinginliğin simgesidir.

Dağ meditasyonu aşağıdaki şekilde uygulanabilir veya dağa ve dağın anlamına ilişkin kişisel görüşünüze uyacak şekilde değiştirilebilir. Bu herhangi bir pozisyonda uygulanabilir ancak ben bunu en çok yerde bağdaş kurarak oturduğumda etkili buluyorum. Bu şekilde bedenim içeriden ve dışarıdan dağa benziyor ve dağ gibi hissediyor. Bunu yaparken bir dağda olmak veya dağlara bakmak yardımcı olabilir ama gerekli değildir. Buradaki gücün kaynağı içsel imgedir.

Bildiğiniz, duyduğunuz ya da hayal edebildiğiniz en güzel dağı, size şahsen hitap eden bir dağı gözünüzde canlandırın. Zihninizin gözünde dağın görüntüsüne veya hissine odaklanırken genel şekline, zirvesine, yer kabuğunun kayasına kök salmış tabanına, dik veya hafif eğimli kenarlarına dikkat edin. Aynı zamanda ne kadar büyük, ne kadar hareketsiz, uzaktan ve yakından bakıldığında ne kadar güzel olduğunu da fark edin. Bu kendine özgü şeklinden ve biçiminden kaynaklanan ve aynı zamanda belirli şekil ve biçimi aşan evrensel "dağlık" niteliklerini somutlaştıran bir güzelliktir.

Belki de dağınızın tepesinde kar, alt yamaçlarında ise ağaçlar vardır. Belki belirgin bir zirvesi, belki birden fazla zirvesi ya da yüksek bir platosu vardır. Nasıl görünürse görünsün sadece oturun ve bu dağın görüntüsüyle nefes alın, onu gözlemleyin, niteliklerini fark edin. Hazır hissettiğinizde dağı kendi bedeninize getirip getiremeyeceğinize bakın. Bu şekilde burada oturan bedeniniz ve zihin gözünüzdeki dağ bütünleşsin. Başınız yüce zirve, omuzlarınız ve kollarınız dağın kenarları, kalçalarınız ve bacaklarınız yerdeki minderinize veya sandalyenize dayanan sağlam taban olsun. Bedeninizde yükselme hissini, kendi omurganızın derinliklerindeki dağın eksenli, yüce niteliğini deneyimleyin. Kendinizi nefes alan bir dağ olmaya davet edin, durgunluğunuzdan ödün vermeyin, neyseniz tamamen o olun; sözcüklerin ve düşüncelerin ötesinde, dengeli, kök salmış, hareket etmeyen bir varlık olun.

Sizin de bildiğiniz gibi gün boyunca güneş gökyüzünde gezinirken dağ öylece oturur. Işık, gölge ve renkler dağın katı durgunluğunda neredeyse anbean değişir. Eğitimsiz bir göz bile saat başı meydana gelen değişiklikleri görebilir. Bunlar şövalelerini kurup cansız nesnelerinin yaşamlarını saat saat resmeden; ışık, gölge ve renk oyunları katedrali, nehri ya da dağı dönüştürürken tuvalden tuvale geçen ve böylece izleyenin gözlerini açan Claude Monet'nin başyapıtlarını çağrıştırır. Işık değiştikçe, gece gündüzü ve gündüz geceyi takip ettikçe dağ sadece kendisi olarak oturur. Mevsimler birbiri ardına akıp giderken, hava anbean ve günbegün değişirken dağ hareketsiz kalır. Tüm değişimlere göğüs geren bir dinginlik sunar.

Yaz aylarında belki en tepede ya da doğrudan güneş ışığından korunan kayalıklar dışında dağda kar yoktur. Sonbaharda dağ parlak ateş renklerinden oluşan bir örtüyü sergilerken, kışın kar ve buzdan oluşan bir battaniyeye bürünebilir. Her mevsimde zaman zaman kendini bulutlarla ya da sisle örtülmüş ya da dondurucu bir yağmur altında bulabilir. Ziyarete gelen turistler dağı net bir şekilde göremediklerinde hayal kırıklığına uğrayabilirler ancak dağ için her şey aynıdır; görünen ya da görünmeyen, güneşte ya da bulutlarda, kavurucu sıcak veya dondurucu soğukta sadece kendisi olarak oturur. Zaman zaman şiddetli fırtınalar tarafından ziyaret edilir, kar, yağmur ve akıl almaz şiddetteki rüzgârlar tarafından hırpalanır, tüm bunlar olurken dağ oturur. Bahar gelir, kuşlar ağaçlarda tekrar ötmeye başlar, yapraklar döküldükleri ağaçlara geri döner, yüksek çayırlarda ve yamaçlarda çiçekler açar, dereler eriyen kar sularıyla taşar. Tüm bunlar olurken dağ hava koşullarından, yüzeyde olup bitenlerden, görünüşler dünyasından etkilenmeden oturmaya devam eder.

Bu görüntüyü zihnimizde tutarak oturduğumuzda kendi yaşamımızda saniyeler, saatler ve yıllar içinde değişen her şey karşısında aynı sarsılmaz dinginliği ve köklülüğü benimseyebiliriz. Yaşamımızda ve meditasyon pratiğimizde zihnin, bedenin ve dış dünyanın değişen doğasını sürekli olarak deneyimleriz. Aydınlığı ve karanlığı, canlı renklerin ve sıkıcı donukluğun olduğu dönemleri yaşarız. Dış dünyada, kendi yaşamımızda ve zihnimizde farklı yoğunluk ve şiddette fırtınalar yaşarız. Sert rüzgârlar, soğuk ve yağmur tarafından kuşatılmış bir halde, karanlık ve acı dönemlerine katlanırken, neşe ve coşku anlarının da tadını çıkarırız. Görünüşümüz bile sürekli değişir, tıpkı dağınki gibi kendine has bir hava durumunu ve yıpranmayı deneyimler.

Meditasyonumuzda dağ haline gelerek onun gücü ve istikrarıyla bağlantı kurabilir ve bunları kendimiz için benimseyebiliriz. Her anı bilinçli farkındalık, soğukkanlılık ve berraklıkla karşılama çabamızı desteklemek için onun enerjisini kullanabiliriz. Bu düşüncelerimizin ve duygularımızın, uğraşlarımızın, duygusal fırtınalarımızın ve krizlerimizin, hatta başımıza gelen şeylerin dağdaki hava durumu gibi olduğunu görmemize yardımcı olabilir. Bunları kişisel algılama eğilimindeyizdir ancak hepsinin en güçlü özelliği kişisel olmamasıdır. Kendi yaşamımızın hava durumu görmezden gelinmemeli ya da inkâr edilmemelidir. Bununla karşılaşılmalı, bu onurlandırılmalı, hissedilmeli, bunun ne olduğu bilinmeli ve bizi öldürebileceği için bu yüksek farkındalıkla tutulmalıdır. Bunları yaptığımızda, fırtınaların içinde düşündüğümüzden çok daha derin bir sessizlik, dinginlik ve bilgeliğin olduğunun farkına varırız. Dağlar bize bunu ve daha fazlasını öğretir, tabii eğer dinlemeye başlayabilirsek.

Ancak günün sonunda dağ meditasyonu yalnızca bir araçtır, bizi bir yere doğru yönlendiren bir parmaktır. Yine de ona bakıp, ardından oraya gitmemiz gerekir. Dağ imgesi daha istikrarlı olmamıza yardımcı olsa da insanlar dağlardan çok daha ilginç ve karmaşıktır. Bizler nefes alan, hareket eden, dans eden dağlarız. Aynı anda hem kaya gibi sert, katı, hareketsiz hem de yumuşak, nazik ve akıcı olabiliriz. Elimizin altında çok geniş bir potansiyel yelpazesi var. Görebilir ve hissedebiliriz. Bilebilir ve anlayabiliriz. Özellikle de nesnelerin içsel uyumunu dinlemeyi öğrenirsek ve her şeye rağmen merkezi dağ eksenini koruyabilirsek; öğrenebiliriz, gelişebiliriz, iyileşebiliriz.

Kuşlar gökyüzünde kayboldu
ve şimdi son bulut da çekip gidiyor.

Birlikte oturuyoruz, dağ ve ben,
ta ki sadece dağ kalana kadar.

LI PO

DENEYİN: Resmi meditasyon pratiğinde otururken bu dağ imgesini aklınızda tutun. Dinginlikte kalma kapasitenizi derinleştirmek; daha uzun süre oturmak; sıkıntılar, zorluklar ve fırtınalar karşısında oturabilmek için ne gibi faydaları olduğunu araştırın. Bu uygulamayla ilgili deneyimlerinizden ne öğrendiğinizi kendinize sorun. Hayatınızda değişmekte olan şeylere karşı tutumunuzda meydana gelen bazı küçük dönüşümler görebiliyor musunuz? Dağ imgesini günlük yaşamınızda beraberinizde getirebiliyor musunuz? Başkalarındaki dağı görebiliyor ve her dağın kendine özgü şekli ve biçimi olmasına izin verebiliyor musunuz?

Göl Meditasyonu

Dağ imgesi, pratiğinizi destekleyecek ve onu daha canlı ve temel hale getirecek birçok imgeden yalnızca biridir. Ağaç, nehir, bulut, gökyüzü imgeleri de faydalı yardımcılar olabilir. İmgenin kendisi esas değildir ancak pratiğe bakışınızı derinleştirebilir ve genişletebilir.

Bazı insanlar göl imgesini özellikle yararlı bulur. Göl geniş bir su alanı olduğu için bu imge yatar pozisyona uygundur ancak oturarak da uygulanabilir. Su prensibinin en az kaya kadar temel bir unsur olduğunu ve suyun doğasının, kayayı aşındırması bakımından kayadan daha güçlü olduğunu biliyoruz. Su aynı zamanda büyüleyici bir kabul niteliğine sahiptir. Herhangi bir şeyin içeri girmesini sağlamak için ayrılır ve ardından kendini devam ettirir. Bir dağa ya da kayaya çekiçle vurursanız sertliğine rağmen ya da aslında sertliği nedeniyle kaya parçalanır ve dağılır. Ancak okyanusa ya da bir gölete çekiçle vurursanız elde edeceğiniz tek şey paslı bir çekiç olacaktır. Su gücünün önemli bir meziyeti de burada kendini gösterir.

Meditasyonunuzda göl imgesini kullanarak pratik yapmak için zihin gözünüzde bir göl, dünyanın bir havzasında tutulan bir su kütlesi canlandırın. Zihin gözünüzde ve kendi kalbinizde suyun çukur yerlerde birikmeyi sevdiğini fark edin. Su kendi seviyesini arar, bir şey tarafından tutulmayı ister. Hayal ettiğiniz göl derin ya da sığ, mavi ya da yeşil, çamurlu ya da berrak olabilir. Rüzgâr olmadığında gölün yüzeyi düzdür. Ağaçları, kayaları, gökyüzünü ve bulutları ayna gibi yansıtır; her şeyi bir anlığına içinde tutar. Rüzgâr gölde dalgalanmalar yaratır. Net yansımalar kaybolur. Ama güneş ışığı hâlâ dalgaların arasında parıldar ve dalgaların üzerinde pırıltılı elmaslar gibi dans eder. Gece olduğunda gölün üzerinde dans etme sırası aya geçer. Yüzey durgunsa ay ağaçların ve gölgelerin ana hatlarıyla birlikte göle yansır. Kışın göl donabilir ama yine de altında hareket ve yaşam vardır.

Zihin gözünüzde gölün bir resmini oluşturduğunuzda, sırt üstü uzanırken veya meditasyonda otururken gölle bir olmak için kendinize izin verin. Böylelikle farkındalığınız ve kendinize yönelik açıklığınız ve şefkatiniz tarafından enerjileriniz tutulur, tıpkı gölün sularının yeryüzünün alıcı ve kabul edici havzası tarafından tutulması gibi. Göl imgesiyle anbean nefes alarak, onun bedenini kendi bedeniniz gibi hissederek zihninizin ve kalbinizin açık ve duyarlı olmasına, yakınınıza gelen her şeyi yansıtmasına izin verin. Hem yansımanın ve suyun tamamen berrak olduğu mutlak dinginlik anlarını ve hem de yüzeyin bozulduğu, dalgalandığı, karıştığı, yansımaların ve derinliğin geçici bir süre için kaybolduğu diğer anları deneyimleyin. Tüm bunlar esnasında meditasyona dalarken, tıpkı gölde değişen çeşitli enerjileri (rüzgârı, dalgaları, ışığı, gölgeyi ve yansımaları, renkleri, kokuları) gözlemlerken olduğu gibi zihninize ve kalbinize ait çeşitli enerjilerin, gelip geçici düşünce ve duyguların, dürtü ve tepkilerin dalgalar halinde gidip geldiğini bunların etkilerini de fark ederek gözlemleyin.

Düşünceleriniz ve duygularınız yüzeyi etkiliyor mu? Bu sizin için bir sorun mu? Dalgalı bir yüzeyi göl olmanın, bir yüzeye sahip olmanın doğal ve temel bir yönü olarak görebilir misiniz? Sadece yüzeyle değil, suyun tüm bedeniyle özdeşleşebilir misiniz? Böylece yüzey köpürmeye başladığında bile sadece hafif dalgalanmalar yaşayan alttaki dinginlik haline gelebilir misiniz?

Aynı şekilde meditasyon pratiğinizde ve günlük yaşamınızda, yalnızca düşünceleriniz ve duygularınızla değil, aynı zamanda zihninizin yüzeyinin altında bulunan engin ve sarsılmaz farkındalık rezervuarıyla da bütünleşebilir misiniz? Göl meditasyonuna zihnin ve bedenin tüm niteliklerini farkındalık ve kabul içinde kapsama niyetiyle otururuz, tıpkı gölün toprak tarafından kapsanması, kucaklanması, güneşi, ayı, yıldızları, ağaçları, kayaları, bulutları, gökyüzünü, kuşları, ışığı yansıtması, ışıltısını, canlılığını, özünü ortaya çıkaran ve vurgulayan hava ve rüzgâr tarafından okşanması gibi.

> Böyle bir günde, eylül ya da ekim ayında Walden bana değerli taşlarla süslenmiş mükemmel bir orman aynası gibi görünür. Yeryüzünde hiçbir şey bir göl kadar güzel, saf ve aynı zamanda bu kadar büyük olamaz. Gökyüzüne

> ait bir sudur bu. Çite ihtiyacı yoktur. Uluslar onu kirletmeden gelip giderler. Bu hiçbir taşın çatlatamayacağı, cilası asla aşınmayacak, yaldızları Doğa tarafından sürekli onarılan bir aynadır. Hiçbir fırtına, hiçbir toz, her zaman taze olan bu yüzeyi karartamaz. Üzerine gelen tüm kirlerin battığı, güneşin puslu fırçasıyla süpürülüp tozu alınan bir ayna... Üzerine üflenen hiçbir nefesi tutmaz, sadece kendi nefesini yüzeyinin üzerinde bulutlar gibi süzülmesi ve koynunda yansıması için bırakır.
>
> THOREAU, *Walden*

DENEYİN: Göl imgesini eylemsizlik içinde oturmak ya da uzanmak, hiçbir yere gitmemek, farkındalık içinde kalmak ve kapsanmak için kullanın. Zihnin ne zaman yansıdığını ne zaman karıştığını gözlemleyin. Yüzeyin altındaki sakinliği fark edin. Bu imge çalkantılı zamanlarda takınacağınız tavır için yeni yollar sunuyor mu?

Yürüyüş Meditasyonu

Huzur her adımdır.

THICH NHAT HANH, *Huzur Her Adımdır*

Bir dönem oturmayı çok zor bulan ama yürüyerek meditasyon pratiğine derinlemesine giren insanlar tanıyorum. Kim olursanız olun, her zaman oturamazsınız. Ve bazı insanlar hissettikleri acı, tedirginlik ve öfke seviyeleri nedeniyle oturup bilinçli farkındalık içinde kalmayı neredeyse imkânsız bulabilir. Ama bu hislerle yürüyebilirler.

Geleneksel manastır ortamlarında, oturma meditasyonu süreleri yürüme meditasyonu sürelerinin arasına dağıtılır. Bu ikisi aynı şeyin pratiğidir. Yürümek de oturmak kadar etkilidir. Önemli olan zihninizi nasıl yönlendirdiğinizdir.

Resmi yürüyüş meditasyonunda, yürüyüşün kendisine yoğunlaşırsınız. Bir bütün olarak ayakların yere basışına, hareketin değişme, ilerleme, yerleşme, yer değiştirme gibi ayrı bölümlerine ya da bütün bedenin hareketine odaklanabilirsiniz. Yürüme farkındalığını nefes alma farkındalığıyla birleştirebilirsiniz.

Yürüyüş meditasyonunda bir yere varmak için yürümezsiniz. Genellikle bir şeritte bir ileri bir geri yürür ya da bir çember içinde dönüp durursunuz. Kelimenin tam anlamıyla gidecek bir yerinizin olmaması, olduğunuz yerde olmanızı kolaylaştırır. Yürüdüğünüz yol gerçekten aynıyken başka bir yerde olmaya çalışmanın ne anlamı var? Asıl zorluk bu adımla, bu nefesle tam olarak birlikte olup olamayacağınızdır.

Yürüyüş meditasyonu çok yavaştan çok hızlıya kadar her hızda uygulanabilir. Ayak döngüsünün ne kadarına odaklanabileceğiniz hızınıza bağlı olacaktır. Uygulama her adımı olduğu gibi kabul etmek ve tamamen bununla kalmaktır. Bu yürüme hissini ayaklarınızda, bacaklarınızda, yürüyüşünüzde anbean ve bu durumda da adım adım hissetmek anlamına gelir. Buna "adımınızı izlemek" diyebilirsiniz ama bu içsel bir izleme durumudur. Gerçekten ayaklarınıza bakmazsınız!

Tıpkı oturma meditasyonunda olduğu gibi dikkatinizi yürüyüş deneyiminden uzaklaştıracak şeyler ortaya çıkacaktır. Yürüyüş sırasında ortaya çıkan bu hisler, düşünceler, duygular ve dürtüler, anılar ve beklentilerle tıpkı oturma meditasyonunda yaptığımız gibi çalışacağız. Nihayetinde yürümek hareket halindeki dinginlik, akan bilinçli farkındalıktır.

Resmi yürüyüş meditasyonunu, özellikle de çok yavaş yapacaksanız, diğer insanların sizi izlemeyeceği bir yerde yapmak en iyisidir. Oturma odanız, kırlık alanlar veya orman bunun için uygun yerlerdir, izole plajlar da uygundur. Bir süpermarkette önünüzde bir alışveriş arabası ittiğiniz müddetçe istediğiniz kadar yavaş yürüyebilirsiniz.

Yürüme meditasyonunu resmi olmayan formunda her yerde uygulayabilirsiniz. Resmi olmayan yürüyüş meditasyonu ileri geri yürümeyi veya bir çember etrafında dönmeyi içermez; sadece normal bir şekilde yürürsünüz. Bir kaldırım boyunca, iş yerinde bir koridorda, yürüyüşe çıktığınızda, köpeğinizi gezdirirken, çocuklarla yürürken bilinçli farkındalıkla yürüyebilirsiniz. Bu bedeninizde olduğunuzu hatırlamayı içerir. Kendinize sadece bu anda olduğunuzu, her adımı olduğu gibi attığınızı, her anı olduğu gibi kabul ettiğinizi hatırlatırsınız. Kendinizi acele içinde veya sabırsız hissederseniz, hızınızı yavaşlatmak aceleciliğinizi azaltmaya yardımcı olabilir ve size şu anda burada olduğunuzu ve oraya ulaştığınızda orada olacağınızı, acele etmemenizi hatırlatabilir. Eğer "burada" olamazsanız muhtemelen "orada" da olamayacaksınız. Zihniniz buraya odaklanmamışsa, muhtemelen başka bir yere vardığınızda oraya da odaklanmayacaktır.

DENEYİN: Yürürken nerede olursanız olun, bu eyleme farkındalık getirin. Biraz yavaşlayın. Kendinizi bedeninizde ve şimdiki anda merkezleyin. Birçok insan bunu yapamazken yürüyebildiğiniz için şükredin. Bunun ne kadar mucizevi bir şey olduğunu algılayın ve vücudunuzun bu kadar harika çalışmasını hafife almayın. Toprak Ana'nın yüzü üzerinde dimdik yürüdüğünüzü bilin. Asalet ve güvenle yürüyün. Navaho deyişindeki gibi, nerede olursanız olun güzellikle yürüyün.

Resmi pratikle de yürümeyi deneyin. Meditasyona oturmadan önce veya sonra bir süreliğine yürüme meditasyonu yapmayı deneyin. Yürüme ve oturma arasında bilinçli farkındalığın sürekliliğini koruyun. Bunu on dakika ya da yarım saat yapabilirsiniz. Burada derdimizin süre olmadığını bir kez daha hatırlayın. Ancak durmaya yönelik ilk ya da ikinci dürtünüzden sonra devam etmek için çabalarsanız, daha fazla şey öğrenecek ve yürüme meditasyonunu daha derinden anlayacaksınız.

Ayakta Meditasyon

Ayakta meditasyon en iyi ağaçlardan öğrenilir. Bir ağaca yakın durun veya daha iyisi bir ağaç kümesinin ortasında durun ve sadece tek bir yöne bakın. Ayaklarınızın toprağa kök saldığını hissedin. Bedeninizin esintide sallanan ağaçlar gibi hafifçe sallandığını hissedin. Olduğunuz yerde kalın, nefesinizin farkında olun, karşınızda olanları izleyin ya da gözlerinizi kapalı tutup çevrenizi hissedin. Size en yakın olan ağacı hissedin. Onu dinleyin, varlığını hissedin, zihniniz ve bedeninizle ona dokunun.

Anda kalmanıza yardımcı olması için nefesinizi kullanın. Bedeninizin anbean ayakta durduğunu, nefes aldığını, var olduğunu hissedin.

Zihniniz veya bedeniniz bitirme zamanının geldiğine dair ilk sinyalleri verdiğinde ağaçların yıllarca, bazen de şanslılarsa ömürleri boyunca hareketsiz durduklarını hatırlayarak bir süre daha ayakta kalın. Size dinginlik ve temas halinde olma ile ilgili öğretecekleri bir şeyler olup olmadığını anlamaya çalışın. Ne de olsa ağaçlar kökleri ve gövdeleriyle toprağa, gövdeleri ve dallarıyla havaya, yapraklarıyla güneş ışığına ve rüzgâra temas ediyorlar. Ayakta duran bir ağaçla ilgili her şey temas halinde olmayı anlatır. Kısa süre için bile olsa, bu şekilde ayakta durmayı deneyin. Teninize değen hava, yerle temas eden ayağınızın hissi, dünyadan gelen sesler, ışığın, rengin ve gölgenin dansı, zihninizin dansı ile temas halinde olmaya çalışın.

DENEYİN: Ormanda, dağda, nehir kenarında, oturma odanızda ya da otobüs beklerken, nerede olursanız olun bu şekilde durun. Yalnız olduğunuzda avuç içlerinizi gökyüzüne açmayı ve kollarınızı dallar ve yapraklar gibi çeşitli pozisyonlarda erişilebilir, açık, duyarlı, sabırlı olarak tutmayı deneyebilirsiniz.

Yatarak Meditasyon

Uykuya dalmamayı başarabilirseniz, uzanmak meditasyon için harika bir duruştur. Eğer uykuya dalarsanız da meditasyon yaparak girdiğinizden uyku daha dinlendirici olabilir. Aynı şekilde uyanıklığın geri döndüğü o ilk anlara farkındalık getirerek uykudan uyanabilirsiniz.

Yatarken bedeninizin tamamını başka herhangi bir duruşta yapabileceğinizden çok daha kolay bir şekilde bırakabilirsiniz. Kaslarınız sizi bir arada tutmak için en ufak bir çaba göstermeyi bırakana kadar bedeniniz yatağa, matın üzerine, yere veya zemine gömülebilir. Bu kaslarınız ve onları yöneten motor nöronlar düzeyinde kapsamlı bir serbest bırakma halidir. Eğer açık ve uyanık kalmasına izin verirseniz, zihin de bunu hızla takip eder.

Yatarak meditasyonda bedeninizin tamamını dikkatinizin nesnesi olarak kullanmak bulunmaz bir nimettir. Bedeninizi tepeden tırnağa hissedebilir, nefes alabilir ve teninizin tüm yüzeyine sıcaklık yayabilirsiniz. Nefes alan tüm bedendir, canlı olan tüm bedendir. Bilinçli farkındalığı bir bütün olarak bedene getirerek, varlığınızın ve canlılığınızın merkezi olarak tüm bedeninizi geri kazanabilir ve kendinize sadece kafanızın içinde ikamet eden biri olmadığınızı hatırlatabilirsiniz.

Ayrıca yatarak meditasyon yaparken serbest veya daha sistematik bir şekilde farklı alanlara odaklanabilirsiniz. Kliniğimizdeki insanlara yatarak meditasyonu kırk beş dakikalık bir beden taraması şeklinde tanıtıyoruz. Herkes bir anda kırk beş dakikalık bir meditasyona oturamaz ama böyle bir vücut taraması yapabilir. Tek yapmanız gereken uzanmak, vücudunuzun farklı bölgelerini hissetmek ve sonra onları serbest bırakmaktır. Beden taraması bedenin çeşitli bölgelerinde belirli bir sırayla ilerlememiz açısından sistematiktir. Ancak bunu yapmanın tek bir yolu yoktur. Baştan ayağa, ayaktan başa ya da bir yandan diğer yana tarama yapılabilir.

Pratik yapmanın bir diğer yolu da sanki ayak parmaklarınıza, dizinize ya da kulağınıza doğru nefes alıp bu yerlerden "nefes veriyormuşsunuz" gibi, nefesinizi bedeninizin çeşitli bölgelerine doğru yönlendirmektir. Kendinizi hazır hissettiğinizde nefesinizi verirken o bölgeyi serbest bırakın, kaslar gevşerken zihin gözünüzde (hayal gücünüzde) oranın çözülmesine izin verin ve devam etmeden ve başka bir nefesle yöneleceğiniz bedenin bir sonraki bölgesiyle bağlantı kurmadan önce dinginliğe ve açık farkındalığa kapılın. Tüm nefesin mümkün olduğunca burundan alınıp verilmesine izin verin.

Ancak yatarak meditasyonu beden taramasındaki gibi sistematik bir şekilde yapmak zorunda değilsiniz. Vücudunuzun belirli bölgelerine istediğiniz zamanlarda ya da belki ağrı veya belirli bir bölgeyle ilgili bir sorun nedeniyle farkındalık alanınızda baskın hale geldiklerinde de odaklanabilirsiniz. Bu bölgelere açıklık, dikkat ve kabulle girmek özellikle de düzenli olarak pratik yapıyorsanız son derece iyileştirici olabilir. Bu durumda hücre ve dokuların yanı sıra ruh hali ve psişe, tüm beden ve ruh derinlemesine besleniyormuş gibi bir his açığa çıkar.

Yatarak meditasyon yapmak duygusal bedeninizle temasa geçmek için de iyi bir yoldur. Fiziksel kalbimiz gibi metaforik ve efsanevi bir kalbimiz de vardır. Kalp bölgesine odaklandığımızda göğüste herhangi bir daralma, sıkışma veya ağırlık hissini fark etmek ve bu fiziksel hislerin altında yatan keder, üzüntü, yalnızlık, umutsuzluk, değersizlik veya öfke gibi duyguların farkında olmak yararlı olabilir. Kalp, kültürümüzde duygusal yaşamımızın merkezi olarak bilindiği için kırık kalplerden, katı ve taş kalpli olmaktan bahsederiz. Kalp aynı zamanda sevgi, neşe ve şefkatin de merkezidir ve bu duygular da keşfedildikçe aynı derecede ilgiyi ve onurlandırılmayı hak ederler.

Sevgi dolu nezaket meditasyonu gibi bir dizi özel meditasyon uygulaması özellikle metaforik kalbi genişleten ve açan belirli duygu durumlarını geliştirmeye yöneliktir. Kabul etme, affetme, sevgi dolu nezaket, cömertlik ve güven duygularının tümü, dikkatin kalp bölgesinde bilinçli bir şekilde odaklanması ve sürdürülmesi ve resmi meditasyon pratiğinin bir parçası olarak bu tür duyguların çağrılmasıyla güçlendirilir. Ancak bu duygular aynı zamanda meditasyon pratiğinizde kendiliğinden ortaya çıktıklarında onları fark ederek ve onlarla farkındalık içinde yüzleşerek de güçlenir.

Diğer beden bölgelerinin de metaforik anlamları vardır ve yatarak veya diğer meditasyonlarda bu tür bir farkındalık benimsenebilir. Solar pleksus güneş benzeri, ışıltılı bir niteliğe sahiptir ve bedenin ağırlık merkezinde yer aldığı için merkezlenmişlik ve canlılık (sindirim ateşi) duygularıyla temas kurmamıza yardımcı olabilir. Boğaz, duygularımızı seslendirir ve daralmış ya da açık halde olabilir. Kalp açık olsa bile duygular bazen "boğazda sıkışabilir". Boğaz bölgesine dair bilinçli farkındalık geliştirdiğimizde, bu bizi konuşmamızla ve onun tonal nitelikleriyle (patlayıcılık, hız, sertlik, ses, otomatiklik gibi) ya da içerikleriyle (yumuşaklık, nezaket, hassasiyet gibi) daha fazla temasa geçirebilir.

Fiziksel bedenin her bölgesinin, duygusal bir bedende ya da haritada bizim için daha derin bir anlam taşıyan bir karşılığı vardır ve bu karşılık genellikle farkındalık düzeyimizin altındadır. Gelişmeye devam etmek için duygusal bedenimizi sürekli olarak aktive etmemiz, dinlememiz ve ondan bir şeyler öğrenmemiz gerekir. Yatarak yapılan meditasyonlar, ayağa kalktığınızda içgörülerinizin gerektirebileceği tavırları göze almaya istekli olduğunuz sürece bu konuda çok yardımcı olabilir. Eskiden geleneklerimiz, mitlerimiz ve ritüellerimiz duygusal bedenimizi harekete geçirme ve onun canlılığını ve geçiciliğini onurlandırma sürecine yardımcı olurdu. Bu genellikle, görevleri ergenleri kabile veya kültür içinde tam bir yetişkin olmanın ne anlama geldiği konusunda eğitmek olan yaşlılar topluluğu tarafından düzenlenen kabul uygulamalarında yapılırdı. Duygusal bedenin gelişiminin önemi günümüzde pek fark edilmemektedir. İster erkek ister kadın olalım, tam yetişkinliğe ulaşmak için neredeyse tamamen kendi halimize bırakılmış durumdayız. Yaşlılarımız bu tür bir yetiştirme eksikliğinden dolayı kendilerini doğadan çok uzaklaşmış hissediyor olabilirler. Bu da gençlerimizin, çocuklarımızın uyanmakta olan duygusal canlılığına ve özgünlüğüne nasıl rehberlik edeceklerine dair kolektif bir bilgi birikimine artık sahip olmadıkları anlamına geliyor olabilir. Bilinçli farkındalık kendimizde ve başkalarında bu kadim bilgeliğin yeniden uyanmasına katkıda bulunabilir.

Hayatımızın büyük bir bölümünde uzandığımız için yatarak meditasyon yapmak bilincin başka bir boyutuna kolaylıkla erişilebilecek bir geçit sağlar. Uyumadan önce, uyandıktan sonra, dinlenirken, uzanmanın kendisi sizi bilinçli farkındalık pratiği yapmaya, nefes ve bedeni anbean bir araya getirmeye, bedeninizi farkındalık ve kabulle donatmaya, dinlemeye, duymaya, gelişmeye, serbest bırakmaya davet edebilir...

DENEYİN: Uzandığınız bir anda nefesinize konsantre olun. Nefesin tüm bedeninizde hareket ettiğini hissedin. Vücudunuzun ayaklarınız, bacaklarınız, pelvisiniz ve cinsel organınız, karnınız, göğsünüz, sırtınız, omuzlarınız, kollarınız, boğazınız ve boynunuz, başınız, yüzünüz, başınızın tepesi gibi çeşitli bölgelerinde nefesle birlikte kalın. Dikkatle dinleyin. Mevcut olan her şeyi hissetmek için kendinize izin verin. Bedeninizdeki hislerin akışını ve değişimini izleyin. Bunlar hakkındaki duygularınızın akışını ve değişimini izleyin.

Sadece yatmadan önce değil, başka zamanlarda da yatarak meditasyon yapmayı deneyin. Bunu yatak dışında yerde, günün farklı saatlerinde yapın. Zaman zaman tarlalarda ve çayırlarda, ağaçların altında, yağmurda, karda yapın.

Bedeninize özellikle uykuya dalarken ve uyanırken dikkat edin. Birkaç dakikalığına bile olsa, mümkünse sırt üstü uzanın ve bedeninizin bir bütün olarak nefes aldığını hissedin. Sizin için sorunlu olan bölgelere dikkat edin ve nefesin bu bölgeleri vücudunuzun geri kalanıyla bir bütünlüğe ve aidiyet duygusuna davet etmesine olanak tanımaya çalışın. Duygusal bedeninizin farkında olun. "İçgüdüsel" hislerinizi onurlandırın.

Bedeninizi Günde En Az Bir Kez Yerle Temas Ettirin

İster beden taraması gibi bir yatarak meditasyon pratiği yapmak için isterse de bilinçli farkındalıklı hatha yogadaki gibi bedeni nazikçe ama sıkı bir şekilde sistematik olarak çalıştırmak için olsun, bedeninizi yerle temas ettirdiğinizde sanki zaman duruyormuş gibi bir his ortaya çıkar. Bir odada alçakta durmak bile zihni boşaltmaya yardımcı olur. Belki de yerde olmak bize o kadar yabancıdır ki alışılagelmiş nörolojik kalıplarımızı kırar ve bizi beden kapısı diyebileceğimiz ani bir açıklıktan bu ana girmeye davet eder.

Hatha yoga pratiğinde temel düşünce hareket ederken, esnerken, nefes alırken, pozisyonda kalırken, kollar, bacaklar ve gövde ile uzanırken ortaya çıkan çeşitli hislere, düşüncelere ve duygulara farkındalık getirirken tamamen bedeninizde olmaktır. 80.000'den fazla temel yoga duruşu olduğu söylenmektedir. İnsanın bedenine meydan okuduğu duruşlar çabucak tüketilmez ama ben yıllar geçtikçe beni bedenimin ve dinginliğin daha derinlerine götüren belki yirmi kadar duruştan oluşan temel bir rutine geri döndüğümü fark ettim.

Yoga hareket ve dinginliği birleştirir. Muhteşem bir şekilde besleyici bir uygulamadır. Tıpkı diğer bilinçli farkındalık pratiklerinde olduğu gibi bunda da bir yere varmaya çalışılmaz. Ancak şu anda bedeninizin sınırlarına doğru bilinçli bir şekilde hareket edersiniz. Uzuvların, başın ve gövdenin olağandışı uzamsal konfigürasyonlarında esneme, kaldırma veya dengenizi koruma ile ilişkili önemli bir duyu yoğunluğunun yaşanabileceği bir araziyi keşfedersiniz. Orada genellikle zihninizin bir kısmının istediğinden daha uzun süre sadece nefes alarak, sadece bedeninizi hissederek durursunuz. Hiçbir şeyi aşmaya çalışmazsınız. Başka birinin bedeniyle yarışmazsınız ya da kendi bedeninizi geliştirmeyi hedeflemezsiniz. Vücudunuzun ne durumda olduğunu yargılamazsınız. Herhangi bir gerginlik veya rahatsızlık da dâhil olmak üzere (kendinizi sınırlarınızın ötesine geçmeye zorlamadığınız takdirde bunlar yararlıdır) tüm deneyimlerinizin yelpazesinde, bedeninizdeki bu anların tadını çıkararak dinginlik içinde kalırsınız.

Yine de kendini adamış bir uygulayıcı için bedenin bu şekilde sürekli beslenmeyi sevdiğini ve kendi kendine değiştiğini fark etmemek zordur. Bu pratikte sıklıkla bir "yolda olma" niteliği vardır ve aynı zamanda beden giderek daha da esnerken ya da kendini bırakırken ve daha zorlayıcı duruşlar arasında yerde uzanırken "şu anda olduğu gibi" kalma hissi de vardır. Hiçbir şeyi zorlamadan sadece bedenin, zihnin, zeminin ve dünyanın dokusuna ve akışına ayak uydurmak için elimizden gelenin en iyisini yaparız.

DENEYİN: Günde bir kez yere uzanın ve sadece üç ya da dört dakikalığına da olsa nefesinizle ve bedeninizin size söyledikleriyle temas halinde kalarak bedeninizi bilinçli farkındalıkla esnetin. Bunun bugün sizin bedeniniz olduğunu hatırlayın. Bununla temas halinde olup olmadığınızı kontrol edin.

Pratik Yapmamak da Pratiktir

Bazen yoga yapmamanın yoga yapmakla aynı şey olduğunu belirtmeyi seviyorum ancak insanların yanlış bir fikre kapılmamasını ve pratik yapsanız da yapmasanız da fark etmeyeceğini söylediğimi düşünmeyeceklerini umuyorum. Demek istediğim şu: Yoga pratiğine geri döndüğünüz her seferinde, bu pratiği bir süre yapmamış olmanın etkisini fark edersiniz. Yani bir bakıma yogaya bir süre sonra geri döndüğünüzde, sadece devam ederek öğreneceğinizden daha fazlasını öğrenirsiniz.

Tabii ki bu ancak vücudunuzun ne kadar hareketsiz hissettiğini, bir duruşta kalmanın ne kadar zor olduğunu, zihnin ne kadar sabırsızlandığını, nefeste kalmaya karşı direnç gösterdiğinizi fark ederseniz geçerlidir. Yere uzanıp başınızı dizinize getirmeye çalışırken bunları fark etmek kolaydır. Söz konusu yoga değil de yaşamın kendisi olduğunda bunların farkında olmak çok daha zordur. Ancak aynı prensip burada da geçerlidir. Yoga ve hayat aynı şeyin farklı ifade ediliş biçimleridir. Bilinçli farkındalıklı olmayı unutmak ya da ihmal etmek size her zaman bilinçli farkındalıklı olmaktan çok daha fazlasını öğretebilir. Neyse ki çoğumuzun bu konuda endişelenmesine gerek yoktur çünkü dikkatsizliğe yönelik eğilimlerimiz gerçekten de güçlüdür. Görmek, bilinçli farkındalığa geri dönmekte yatar.

DENEYİN: Günlük meditasyon ve yoga pratiği disiplini içinde olduğunuz ve olmadığınız dönemlerde hislerinizdeki ve stresle başa çıkma şeklinizdeki farkı gözlemleyin. Daha bilinçsiz ve otomatik davranışlarınızın sonuçlarının, özellikle de iş veya ev hayatından kaynaklanan baskılar artınca ne şekillerde ortaya çıkabildiğine dikkat etmeye çalışın. Pratik yaptığınız ve yapmadığınız dönemlerde bedeninizi nasıl taşıyorsunuz? Eylemsizliğe dair kararlılığınıza ne oluyor? Düzenli pratik yapmamak, zaman ve belirli sonuçlara ulaşma konusundaki kaygılarınızı nasıl etkiliyor? İlişkilerinizi nasıl etkiliyor? En bilinçsiz davranış kalıplarınızın bazıları neyden kaynaklanıyor? Onları ne tetikliyor? Resmi pratiğiniz bu hafta ne kadar güçlü veya zayıf olursa olsun, bu bilinçsiz davranış kalıpları sizi kıskıvrak yakaladığında bunların farkında olmaya ne kadar hazırsınız? Pratik yapmamanın zorlu bir pratik olduğunu görebiliyor musunuz?

Sevgi Dolu Nezaket Meditasyonu

Hiç kimse bir ada gibi tek başına değildir;
Her insan kıtanın bir parçası, okyanusun bir damlasıdır;
Eğer bir toprak parçası deniz tarafından sürüklenirse,
Avrupa eksik kalır, tıpkı bir burun gibi,
Tıpkı arkadaşlarının ya da senin toprağın gibi.
Herhangi bir insanın ölümü eksiltir beni çünkü ben de insanlığın bir parçasıyım
Ve bu yüzden çanların kimin için çaldığını öğrenmeye çalışma,
Çanlar senin için çalıyor.

JOHN DONNE, *Meditation XVII*

Birbirimize bağlı olduğumuz için birbirimizin acılarını paylaşırız. Bir bütün olarak ve aynı zamanda daha büyük bir bütünün parçası olarak sadece kendimizi değiştirmek suretiyle dünyayı değiştirebiliriz. Eğer şu anda bir sevgi ve nezaket merkezine dönüşürsem, belki küçük ama oldukça önemli bir şekilde dünya artık daha önceden sahip olmadığı yeni bir sevgi ve nezaket özüne sahip olacaktır. Bu bana ve başkalarına fayda sağlar.

Kendinize karşı bile her zaman bir sevgi ve nezaket merkezi olamadığınızı fark etmişsinizdir. Hatta toplumumuzda bir düşük özsaygı salgını olduğunu söyleyebiliriz. Dalai Lama ile 1990 yılında Dharamsala'da yapılan bir görüşmede Batılı bir psikolog düşük özsaygıdan söz ettiğinde bunu şaşkınlıkla karşılamıştı. İngilizcesi oldukça iyi olmasına rağmen bu ifadenin onun için birkaç kez Tibetçeye çevrilmesi gerekmişti. Düşük özsaygı kavramını bir türlü anlayamamış ve nihayet ne söylendiğini anladığında, Amerika'da pek çok insanın derin bir yetersizlik ve kendine karşı nefret duygusu taşıdığını duyduğuna gözle görülür bir şekilde üzülmüştü.

Tibetliler arasında bu tür duygular hemen hemen hiç duyulmamıştır. Üçüncü Dünya'daki zulümden kaçan mültecilerin yaşadığı tüm ciddi sorunlara sahipler ancak düşük özsaygı bunlardan biri değil. Fakat gelecek nesiller, ironik bir şekilde "gelişmiş dünya" olarak adlandırdığımız dünyayla temasa geçtiklerinde başlarına neler geleceğini kim bilebilir? Belki de dışsal olarak aşırı gelişmiş, içsel olarak ise az gelişmiş durumdayız. Belki de tüm zenginliğimize rağmen yoksulluk içinde yaşayan biziz.

Sevgi dolu nezaket meditasyonuyla bu yoksulluğu düzeltmek için adımlar atabilirsiniz. Her zamanki gibi başlayacağınız nokta kendinizsiniz. Kendi kalbinizde nezaket, kabul ve değer verme duygusunun ortaya çıkması için çağrıda bulunabilir misiniz? Oturma meditasyonunda zihninizi tekrar tekrar nefese geri getirdiğiniz gibi bunu da tekrar tekrar yapmanız gerekecektir. Taşıdığımız yaralar derin olduğu için zihin bunu kolayca kabul etmeyecektir. Ancak sadece bir deney olarak, tıpkı bir annenin incinmiş veya korkmuş bir çocuğa erişilebilir ve koşulsuz bir sevgiyle sarılması gibi, siz de pratiğinizde bir süreliğine kendinize farkındalıkla ve kabulle sarılmayı deneyebilirsiniz. Başkalarını olmasa da kendinizi affetmeyi başarabilir misiniz? Kendinizi şu anda mutlu olmaya davet etmeniz mümkün mü? İyi hissetmek sizin için kabul edilebilir mi? Bu mutluluğun temeli şu anda mevcut mu?

Sevgi dolu nezaket uygulaması aşağıdaki şekilde yapılır ancak lütfen kelimeleri uygulama ile karıştırmayın. Her zamanki gibi kelimeler sadece yolu gösteren tabelalardır:

Duruşunuzda ve nefes alışınızda kendinizi merkezleyerek başlayın. Ardından nezaket ve sevgi duygularını veya imgelerini, kalbinizden veya karnınızdan tüm varlığınızı doldurana kadar yayılmaları için çağırın. Sevgi dolu nezaketi herhangi bir çocuk kadar hak ediyormuşsunuz gibi, farkındalığınız tarafından sarmalanmak için kendinize izin verin. Farkındalığınızın hem iyiliksever anne enerjisini hem de iyiliksever baba enerjisini somutlaştırmasına izin verin. Bu sizin için şu anda varlığınızın tanınmasını ve onurlandırılmasını ve belki de çocukken yeterince almadığınız nezaketi ve şefkati almanızı mümkün kılsın. Bu sevgi dolu nezaket enerjisinin tadını çıkarın, onu içinize çekin ve bu sanki uzun süredir bakımsız kalmış ama sonunda hasret kaldığınız besini size aktaran bir yaşam hattıymış gibi nefes alıp verin.

Huzur ve kabul duygularını içinizde var olmaları için çağırın. Bazı insanlar zaman zaman kendilerine şu gibi şeyler söylemeyi faydalı bulurlar: "Cehaletten arınayım. Açgözlülük ve nefretten arınayım. Acı çekmeyeyim. Mutlu olayım." Ancak bu sözler yalnızca sevgi dolu nezaket duyguları uyandırmak için söylenir. Bunlar sıklıkla kendimiz için yarattığımız ya da kendi korkumuz ve unutkanlığımızla pekiştirdiğimiz sorunlardan şimdide, en azından bu anda kurtulmak için bilinçli bir şekilde oluşturduğumuz niyetlerdir.

Kendinizi tüm varlığınıza yayılan bir sevgi ve nezaket merkezi olarak belirlediğinizde (ki bu kendinizi sevgi dolu bir nezaket ve kabulle kucaklamak anlamına gelir) bu kaynaktan içip bunun içinde yıkanarak, kendinizi yenileyerek, besleyerek, canlandırarak burada sonsuza dek kalabilirsiniz. Bu beden ve ruh için son derece iyileştirici bir pratik olabilir.

Pratiği daha da ileri götürebilirsiniz. Varlığınızda aydınlık bir merkez oluşturduktan sonra sevgi dolu nezaketin dışarıya doğru yayılmasına izin verebilir ve onu istediğiniz yere yönlendirebilirsiniz. İlk olarak bunu yakın aile üyelerinize yöneltebilirsiniz. Çocuklarınız varsa onları zihin gözünüzde ve kalbinizde tutun ve öz benliklerini gözünüzde canlandırarak iyi olmalarını, gereksiz yere acı çekmemelerini, dünyada doğru yolu bulmalarını, yaşamda sevgi ve kabul görmelerini dileyin. Ve sonra ilerledikçe bir partneri, eşi, kardeşleri, ebeveynleri de bu pratiğe dâhil edin.

İster hayatta ister ölmüş olsunlar ebeveynlerinize sevgi dolu bir nezaketle yaklaşabilir, onlara iyi dileklerde bulunabilir, kendilerini yalnız hissetmemelerini ya da acı çekmemelerini dileyebilir, onları onurlandırabilirsiniz. Kendinizi bunu yapabilecek durumda hissediyorsanız ve bu size sağlıklı ve özgürleştirici geliyorsa, kalbinizde ebeveynlerinizin eksikliklerini, korkularını, yanlış eylemlerini ve yaratmış olabilecekleri acıları affedebileceğiniz bir yer bulun ve Yeats'in "Neden, bu haldeyken ne yapmış olabilir ki?" dizesini hatırlayın.

Burada da durmanıza gerek yok. Sevgi dolu nezaketinizi herkese, tanıdığınız ya da tanımadığınız insanlara yöneltebilirsiniz.

Bu onlara yarar sağlayabileceği gibi duygusal varlığınızı geliştirip genişleterek size de kesinlikle yarar sağlayacaktır. Bu genişleme hali, sevgi dolu nezaketi sizi zorlayan insanlara, hoşlanmadığınız ya da tiksindiğiniz veya sizi tehdit eden ya da inciten kişilere kasıtlı olarak yönelttikçe olgunlaşır. Sevgi dolu nezaketi tüm insan gruplarına (ezilen, acı çeken, yaşamları savaşla, şiddetle ya da nefretle iç içe olan herkese) yöneltme pratiği de yapabilirsiniz. Onların da sizden farklı olmadığını, onların da sevdikleri, umutları, özlemleri ve barınma, yiyecek ve barış ihtiyaçları olduğunu anlayabilirsiniz. Gezegenin kendisine, görkemine ve sessiz acılarına, çevreye, akarsulara ve nehirlere, havaya, okyanuslara, ormanlara, bitkilere ve hayvanlara topluca veya tek tek sevgi dolu nezaket gösterebilirsiniz.

Meditasyonda veya kişinin yaşamında sevgi dolu nezaket uygulamasının doğal bir sınırı yoktur. Bu birbirine bağlılığa dair daimî ve sürekli genişleyen bir farkındalıktır. Bu aynı zamanda bu bağlılığın somutlaşmış halidir. Bir ağacı, bir çiçeği, bir köpeği, bir yeri, bir kişiyi ya da kendinizi bir anlığına sevebildiğinizde, o an içinde tüm insanları, tüm yerleri, tüm acıları ve tüm uyumu bulabilirsiniz. Dışarıdan öyle gibi görünebilse de bu şekilde pratik yapmak, hiçbir şeyi değiştirmeye veya bir yere varmaya çalışmak değildir. Gerçekte burada yapılan şey, her zaman mevcut olanı ortaya çıkarmaktır. Sevgi ve nezaket her zaman burada bir yerlerdedir, aslında her yerdedir. Genellikle bunlara dokunma ve bunlar tarafından etkilenme becerimiz kendi korkularımızın ve acılarımızın, açgözlülüğümüzün ve nefretimizin, gerçekten ayrı ve yalnız olduğumuz yanılsamasına çaresizce tutunmamızın altında saklıdır.

Pratiğimizde bu tür duyguları harekete geçirerek kendi cehaletimizin sınırlarına karşı esneriz. Tıpkı yogada kas, bağ ve tendon direncine karşı esnediğimiz gibi. Diğer tüm meditasyon biçimlerinde olduğu gibi kendi zihinimizin ve kalbimizin sınırlarına ve cehaletine karşı esneriz. Bazen acı verici olsa da bu esneme sırasında genişleriz, gelişiriz, kendimizi değiştiririz, dünyayı değiştiririz.

Benim dinim şefkattir.

DALAI LAMA

DENEYİN: Meditasyon pratiğinizin bir noktasında içinizdeki sevgi dolu nezaket duygularıyla temasa geçmeyi deneyin. Bu uygulamaya karşı olası itirazlarınızı ya da sevilmez veya kabul edilemez olduğunuza dair düşüncelerinizi geride bırakıp bırakamayacağınıza bakın. Tüm bunları sadece düşünmek olarak görün. Sevgi dolu bir anne ya da babanın kollarındaki bir çocuk gibi, sevgi dolu nezaketin sıcaklığına ve kabul hissine gömülmeyi deneyin. Ardından bunu başkalarına ve dünyaya yönlendirmeyi deneyin. Bu uygulamanın bir sınırı yoktur ancak diğer tüm uygulamalara benzer şekilde sevgiyle bakılan bir bahçedeki bitkiler gibi, sürekli bakımla derinleşir ve büyür. Başka birine ya da dünyaya yardım etmeye çalışmadığınızdan emin olun. Aksine sadece onları farkındalık içinde tutuyor, onurlandırıyor, iyi olmalarını diliyor, acılarına şefkat, merhamet ve kabulle yaklaşıyorsunuz. Bu süreçte bu uygulamanın sizi farklı davranmaya çağırdığını fark ederseniz, o zaman bu eylemlerin de sevgi dolu nezaketi ve bilinçli farkındalığı barındırmasına müsaade edin.

ÜÇÜNCÜ BÖLÜM

Bilinçli Farkındalık Ruhuyla

Hepimiz dini kurumların aslen işbirliği yaptığı öğretmenin çırağıyız: gerçekliğin. Gerçeklik içgörüsü şunu der: Yirmi dört saat üzerinde ustalaşın. Kendinize acımadan bunu iyi bir şekilde yapın. Soğuk bir sabahta Buda salonunda sutralar söylemek ne kadar zorsa, çocukları arabaya bindirip yolun aşağısındaki otobüse götürmek de o kadar zordur. Bir eylem diğerinden üstün değildir, her ikisi de oldukça sıkıcı olabilir ve her ikisi de tekrarın erdemli niteliğine sahiptir. Tekrar, ritüel ve bunların olumlu sonuçları karşımıza pek çok biçimde çıkar. Filtreyi değiştirmek, burun silmek, toplantılara gitmek, evi toplamak, bulaşıkları yıkamak, yağ göstergesini kontrol etmek… Bunların sizi daha ciddi uğraşlarınızdan uzaklaştırdığını düşünmeyin. Bu tür işler, bizi bir "yola" sokacak olan "pratiğimizi" yapabilmemiz için kaçmamız gereken bir dizi zorluk değildir; bu bizim yolumuzdur.

GARY SNYDER, *The Practice of the Wild*

Ateşin Başında Oturmak

Eskiden güneş battığında, şekil değiştiren aydan ve yıldızlardan oluşan gökyüzü dışında insanların sahip olduğu tek ışık kaynağı ateşti. Milyonlarca yıl boyunca biz insanlar ateşin etrafında oturduk, arkamızda soğuk ve karanlık varken alevlere ve közlere baktık. Belki de resmi meditasyonun ilk başladığı yer burasıdır.

Ateş bizim için bir teselliydi; ısı, ışık ve korunma kaynağımızdı. Tehlikeliydi ama dikkatli olunduğunda kontrol edilebilirdi. Günün sonunda, ateşin başında oturmak bizi rahatlatırdı. Onun sıcak, titrek ışığında hikâyeler anlatabilir, geride kalan gün hakkında konuşabilir ya da sadece sessizce oturup zihnimizin sürekli değişen alevlerdeki yansımasını ve büyülü bir dünyanın parlayan manzaralarını seyredebilirdik. Ateş karanlığı katlanılabilir kılıyordu; kendimizi güvende ve emniyette hissetmemize yardımcı oluyordu. Sakinleştirici, güvenilir, onarıcı, meditatifti ve hayatta kalmak için kesinlikle gerekliydi.

Gündelik hayatımızdan bu gereklilik ve bununla birlikte neredeyse tüm dinginlik fırsatları uçup gitti. Günümüzün hızlı tempolu dünyasında ateş yakmak artık pratik değil, belli bir atmosfer yaratmak için ara sıra başvurulan bir lüks. Dışarısı kararmaya başladığında tek yapmamız gereken bir düğmeye basmak. Dünyayı istediğimiz kadar parlak bir ışıkla aydınlatabilir ve hayatımıza devam edebiliriz; uyanık olduğumuz tüm saatleri meşguliyetle, farklı uğraşlarla doldurabiliriz. Bugünlerde hayat bize var olmak için özellikle öyle anlar yaratmaya uğraşmadığımız sürece çok az zaman tanıyor. Artık yaptığımız işi bırakmamız gereken sabit bir zaman yok çünkü bir şeyler yapmak için her zaman yeterince ışık var. Eskiden her gece vites değiştirip günlük faaliyetlerimizi bırakmak için var olan o yerleşik zamandan yoksunuz. Bugünlerde zihnimizin bir ateşin başında dinginliğe ulaşabilmesi için elimizde çok az fırsat var.

Bunun yerine gün bitiminde televizyon izliyoruz; bu ateşle kıyaslandığında oldukça sönük kalan elektronik bir enerjidir. Kendimizi başkalarının zihinlerinden gelen, kafamızı bilgi ve ıvır zıvırla, başkalarının maceraları, heyecanları ve arzularıyla dolduran ses ve görüntüler bombardımanına teslim ediyoruz. Televizyon izlemek gün içinde dinginliği deneyimlemek için daha da az alan bırakıyor. Zamanı, mekânı ve sessizliği emiyor; bizi uyuşturup bilinçsiz bir pasifliğe sürüklüyor. Steve Allen buna "gözler için sakız" der. Gazeteler de hemen hemen aynı şeyi yapıyor. Aslen kötü değiller ancak bunları dolu dolu yaşayabileceğimiz pek çok değerli andan kendimizi mahrum bırakmak için çok sık kullanıyoruz.

Aslında eğlencenin ve tutkulu dikkat dağıtıcıların bağımlılık yaratan cazibesine kapılmak zorunda değiliz. İçimizdeki sıcaklığa, dinginliğe ve iç huzura duyduğumuz o temel özlemi bize geri kazandıracak başka alışkanlıklar geliştirebiliriz. Örneğin nefesimizle oturmak, ateşin başında oturmaya çok benzer. Nefese derinden baktığımızda, zihnimizin dansının yansımalarını en az parlayan kömürlerde, közlerde ve alevlerde gördüğümüz kadar görebiliriz. Burada belli bir sıcaklık da ortaya çıkar. Ve eğer gerçekten bir yere varmaya çalışmayıp, sadece kendimizi şu anda olduğumuz gibi burada olmaya bırakırsak daha eski bir zamanda insanların ateşin başında oturduklarında buldukları kadim dinginliğe (düşüncelerimizin ve duygularımızın yarattıkları oyununun ardında ve içinde) kolayca rastlayabiliriz.

Uyum

Hastanenin otoparkına girdiğimde tepemden yüzlerce kaz geçiyor. Yüksekten uçuyorlar ve ötüşlerini duyamıyorum. İlk dikkatimi çeken şey, nereye gittiklerini net bir şekilde bilmeleri. Kuzeybatıya doğru uçuyorlar ve o kadar çoklar ki kasım ayı başındaki güneşin ufku kucakladığı doğu tarafına kadar uzanıyorlar. İlki uçup geçerken, bir amaç için bir araya gelişlerinin asaleti ve güzelliği beni harekete geçiriyor ve hemen arabanın içinden kâğıdı ve kalemi kapıp beceriksiz elimin ve gözümün elverdiği şekilde deseni yakalıyorum. Hızlı çizikler yeterli... Kısa bir süre sonra yok olacaklar.

Yüzlercesi "V" şeklinde ama birçoğu daha karmaşık bir düzen oluşturuyor. Her şey hareket halinde. Çizgileri havada dalgalanan bir kumaş gibi zarafet ve ahenkle alçalıp yükseliyor. İletişim kurdukları çok açık. Her biri bir şekilde nerede olduğunu biliyor; bu karmaşık ve sürekli değişen düzende bir yere sahipler, oraya aitler.

Kendimi onların geçişiyle garip bir şekilde kutsanmış hissediyorum. Bu an bir armağan. Önemli olduğunu bildiğim bir şeyi, bana pek sık nasip olmayan bir şeyi görmeme ve paylaşmama izin verildi. Bunun bir kısmı onların vahşiliğinden, bir kısmı da sergiledikleri uyum, düzen ve güzellikten geliyor.

Zamanın akışına dair alışıldık deneyimim, onların geçişine tanıklığım sırasında sekteye uğruyor. Bulut oluşumları veya ağaçların şekilleri gibi bu örüntü de bilim insanlarının "kaotik" olarak adlandırdığı bir şey. Buradaki düzen, içinde düzensizlik barındırıyor ancak bu da kendi içinde düzenli. Şimdi bu benim için yalnızca merak ve hayret getiren bir armağan. İşe giderken doğa bana küçük bir alanda her şeyin aslında nasıl olduğunu gösteriyor ve biz insanların ne kadar az şey bildiğimizi ve uyumu ne kadar az takdir ettiğimizi, hatta onu ne kadar az gördüğümüzü hatırlatıyor.

O akşam gazetede Güney Filipinler'in yüksek kesimlerini kaplayan yağmur ormanlarının kesilmesinin sonuçlarının 1991'in sonlarında meydana gelen tayfuna kadar ortaya çıkmadığını, ağaçları kesilen toprak artık suyu tutamadığı için suyun kontrolsüz bir şekilde normal hacminin dört katına çıkarak alçak bölgelere aktığını ve bunun bölgedeki binlerce yoksul sakinin boğulmasına neden olduğunu okudum. Popüler bir sloganda dendiği gibi "Boktan şeyler olur." Sorun şu ki çoğu zaman bu şeylerdeki rolümüzü görmek istemeyiz. Nesnelerin uyumunu küçümsemenin belli riskleri vardır.

Doğanın uyumu her zaman etrafımızda ve içimizdedir. Bunu algılamak büyük bir mutluluk kaynağıdır fakat çoğu zaman ancak geriye dönüp bakıldığında ya da yokluğunda takdir edilir. Bedende her şey yolunda gidiyorsa, bunu fark etmeme eğilimi gösteririz. Başınızın ağrımaması beyin korteksiniz için çok önemli bir haber değildir. Yürüme, görme, düşünme ve işeme gibi yetiler kendi kendilerine meydana gelir ve böylece otomatiklik ve farkında olmama ortamına karışırlar. Yalnızca acı, korku ya da kayıp bizi uyandırır ve her şeye odaklanmamızı sağlar. Ancak bu olana kadar uyumu görmek zordur ve kendimizi tıpkı akıntılar ve şelaleler gibi, yaşam nehri içinde daha zor ve incelikli bir seviyedeki düzeni içeren türbülansa kapılmış buluruz. Joni Mitchell'in dediği gibi, "Elinden kayıp gidene kadar neye sahip olduğunu bilemezsin..."

Arabadan indiğimde, bu medeni hastane otoparkının hava sahasını doğal vahşilikleriyle canlandırdıkları için bu yolcuları içtenlikle selamlıyorum.

DENEYİN: Şu anda mevcut olan uyumu algılamak için bilinçsizlik perdesini aralayın. Bu uyumu bulutlarda, gökyüzünde, insanlarda, havada, yiyeceklerde, bedeninizde, bu nefeste görebiliyor musunuz? Bakın ve tekrar bakın, tam burada, tam da bu anda!

Sabahın Erken Saatleri

Gitmesi gereken bir işi, beslemesi ve okula yollaması gereken çocukları, erken kalkmak için dışsal bir nedeni olmamasına rağmen Walden'da yaşadığı süre boyunca sabah erken kalkmak ve şafak vakti gölette yıkanmak Thoreau'nun âdetiydi. Bunu içten gelen nedenlerle, başlı başına ruhani bir disiplin olarak yapıyordu: "Bu dini bir egzersizdi ve yaptığım en iyi şeylerden biriydi."

Benjamin Franklin de bu konudaki meşhur sözünde erken kalkmanın getirdiği sağlık, zenginlik ve bilgelik erdemlerini yüceltmiştir. Bunları lafta bırakmamış, uygulamıştır da.

Erken kalkmanın faydalarının güne daha fazla meşguliyet ve iş sığdırmakla hiçbir ilgisi yoktur. Tam tersi. Bu faydalar o saatin dinginliğinden ve yalnızlığından ve o vakti bilinci genişletmek, düşünmek, var olmak, bilerek hiçbir şey yapmamak üzere zaman ayırmak için kullanma potansiyelinden kaynaklanır. Huzur, karanlık, şafak vakti, dinginlik... Hepsi sabahın erken saatlerinin bilinçli farkındalık pratiği için özel bir zaman haline gelmesine katkı sağlar.

Erken uyanmak güne gerçek bir başlangıç yapmanızı sağlar. Güne bilinçli farkındalık ve iç huzur konusunda sağlam bir temelle başlayabilirseniz, yola koyulmanız ve bir şeyler yapmanız gerektiğinde yaptığınız şeylerin içinizden gelerek doğru bir şekilde akıp gitmesi çok daha olasıdır. Güne bu şekilde başladığınızda sağlam bir bilinçli farkındalığı, içsel bir sakinliği ve zihin dengesini gün boyunca taşıma olasılığınız, yataktan fırlayıp taleplerin ve sorumlulukların çağrısıyla güne hemen başladığınızda olacağından çok daha yüksektir.

Sabah erken kalkmanın gücü o kadar büyüktür ki resmi bir bilinçli farkındalık pratiği yapmasa bile kişinin hayatı üzerinde derin bir etki yaratabilir. Her gün şafağa tanıklık etmek bile başlı başına bir çağrı görevi görür.

Ama ben sabahın erken saatlerini resmi meditasyon için harika bir zaman olarak görüyorum. Başka kimse uyanık değil. Dünyanın telaşı henüz başlamadı. Yataktan kalkıyorum ve genellikle hiçbir şey yapmadan yaklaşık bir saatimi var olmaya ayırıyorum. Bu pratik yirmi sekiz yıl sonra bile cazibesini kaybetmedi. Bazen uyanmak zor oluyor ve zihnim ya da bedenim direniyor. Ama bunun değerinin bir kısmı, canım istemese bile bunu yapmaktan geliyor.

Günlük disiplinin başlıca faydalarından biri, geçici ruh hallerinin çekiciliğine karşı kazanılan şeffaflıktır. Meditasyon yapmak için erken kalkma kararlılığı, herhangi bir sabah bunu yapmak isteyip istememenizden bağımsız hale gelir. Bu uygulama bizi daha yüksek bir standarda çağırır. Bu uyanıklığın önemini ve farkındalık ve duyarlılıktan yoksun otomatiğe bağlanmış bir yaşam şekline ne kadar kolay kayabileceğimizi hatırlatır. Eylemsizlik pratiği için erken kalkmak bile başlı başına bir terbiye sürecidir. Bu atomlarımızı yeniden düzenlemek için yeterli ısıyı üretir, bize yeni ve daha güçlü kristal bir zihin ve beden ağı verir. Bu ağ bizi dürüst tutar ve bize hayatta işleri halletmekten çok daha fazlası olduğunu hatırlatır.

Disiplin, dün nasıl bir gün geçirdiğinizden ve bugün nasıl bir gün beklediğinizden bağımsız bir sabitlik sağlar. Özellikle mutluluk verici ya da üzücü büyük olayların yaşandığı, zihnimin ve koşulların çalkantılı olduğu, yapılacak çok şeyin olduğu ve duyguların yoğun olduğu günlerde birkaç dakikalığına da olsa resmi pratik için zaman ayırmaya çalışıyorum. Bu şekilde bu tür anların içsel anlamlarını gözden kaçırma olasılığım azalıyor ve bu anlarda biraz daha iyi yol alabiliyorum.

Sabahın erken saatlerinde kendinizi bilinçli farkındalıkla temellendirerek, kendinize her şeyin sürekli değiştiğini, iyi ve kötü şeylerin gelip geçici olduğunu ve karşınıza çıkan her türlü koşulla yüzleşirken sabitlik, bilgelik ve iç huzur perspektifini benimsemenin mümkün olduğunu hatırlatmış olursunuz. Pratik yapmak için her gün erken kalkmayı seçmek bu bakış açısının somutlaşmış halidir. Ben bazen bundan "rutinim" olarak bahsediyorum ama bu rutinden çok farklı bir şeydir. Bilinçli farkındalık rutinin tam tersidir.

Normalde kalkabileceğinizden bir saat önce kalkmak konusunda isteksizseniz yarım saat, on beş dakika, hatta beş dakika daha erken kalkmayı deneyebilirsiniz. Önemli olan niyettir. Sabahları beş dakikalık bir bilinçli farkındalık pratiği bile değerli olabilir. Ve feda edilen uykunun beş dakikası bile uykuya ne kadar bağlı olduğumuzu ve dolayısıyla hiçbir şey yapmadan uyanık kalmak için kendimize bu kadarcık bir zaman ayırmanın bile ne kadar disiplin ve kararlılık gerektirdiğini anlamanızı sağlayacaktır. Ne de olsa düşünen zihin her zaman çok inandırıcı gelen bir bahaneye sahiptir: Hiçbir şey başaramayacağınıza ve bu sabah bunu yapmak için gerçek bir baskı olmadığına ve belki de yapmamak için gerçek nedenler olduğuna göre, neden şimdi ihtiyacınız olan ekstra uykuyu alıp yarın başlamıyorsunuz?

Zihnin diğer köşelerinden gelen bu tür oldukça öngörülebilir muhalefetin üstesinden gelmek için aklınızdan ne geçerse geçsin, bir gece önceden uyanmaya karar vermeniz gerekir. Bu gerçek niyetliliğin ve içsel disiplinin ürünüdür. Bunu sadece kendinize söz verdiğiniz için yaparsınız ve zihninizin bir kısmı istese de istemese de belirlenen zamanda yaparsınız. Bir süre sonra disiplin sizin bir parçanız haline gelir. Bu sadece ilerlemeyi seçtiğiniz yeni bir yoldur. Bu bir "zorunluluk" değildir, kendinizi zorlamanızı gerektirmez. Sadece değerleriniz ve eylemleriniz değişmiştir.

Henüz buna hazır değilseniz (hatta hazır olsanız bile) saat kaç olursa olsun uyandığınız anı her zaman yeni günün ilk bilinçli farkındalık anı olarak değerlendirebilirsiniz. Daha siz harekete geçmeden evvel nefesinizin hareket ettiği gerçeğiyle temas kurmayı deneyin. Yatakta yatan bedeninizi hissedin. Onu esnetin. Kendinize şunları sorun: "Şu anda uyanık mıyım? Bana yeni bir günün armağan edildiğinin farkında mıyım? Bunun için uyanık olacak mıyım? Bugün ne olacak? Şu anda gerçekten bilmiyorum. Ne yapmam gerektiğini düşünürken bile bu bilmeme haline açık olabilir miyim? Bugünü bir macera olarak görebilir miyim? Şu anı olasılıklarla dolu olarak görebilir miyim?"

> Sabah uyanık olduğum zamandır ve içimde bir şafak olur... Mekanik desteklerle değil, bizi en derin uykumuzda bile terk etmeyen daimî şafak beklentisiyle yeniden uyanmayı ve kendimizi uyanık tutmayı öğrenmeliyiz. İnsanın bilinçli bir çabayla hayatını yüceltme konusundaki

tartışılmaz yeteneğinden daha cesaret verici bir gerçek bilmiyorum. Belirli bir resmi çizebilmek ya da bir heykeli yontabilmek ve böylece birkaç nesneyi güzelleştirmek değerlidir ama baktığımız atmosferi ve ortamı yontmak ve çizmek çok daha görkemlidir... Günün niteliğini etkilemek sanatların en yücesidir.

THOREAU, *Walden*

DENEYİN: Normalden daha erken kalkmak için kendinize söz verin. Sadece bunu yapmak bile hayatınızı değiştirir. Bu zamanın uzunluğu ne olursa olsun, bunun bir var olma zamanı, kasıtlı bir uyanıklık zamanı olmasına izin verin. Bu zamanı farkındalıktan başka bir şeyle doldurmak istemezsiniz. Kafanızda günün gerekliliklerini gözden geçirmenize ve "gelecekte" yaşamanıza gerek yoktur. Bu zamansızlığın, dinginliğin, var olmanın, kendinizle kalmanın zamanıdır.

Ayrıca uyandığınız anda yataktan kalkmadan önce, nefesinizle temasa geçin, vücudunuzdaki çeşitli duyumları hissedin, var olabilecek düşünce ve duyguları fark edin, bilinçli farkındalığın bu ana dokunmasına izin verin. Nefes alışınızı hissedebiliyor musunuz? Her bir nefesin doğuşunu algılayabiliyor musunuz? Bu anda nefesin bedeninize özgürce girdiği hissinin tadını çıkarabiliyor musunuz? Kendinize şunu sorun: "Şu anda uyanık mıyım?"

Doğrudan Temas

Hepimiz çoğunlukla diğer insanlardan veya okuldaki derslerden, okuduğumuz kitaplardan veya televizyondan, radyodan, gazetelerden, genel olarak kültürden edindiğimiz gerçekliğe dair fikirler ve imgeler taşırız. Bunlar bize olayların nasıl olduğuna ve neler olup bittiğine dair bir tablo çizer. Bunun sonucunda gözümüzün önünde ya da içimizde olanı görmek yerine, genellikle kendi düşüncelerimizi ya da bir başkasınınkileri görürüz. Çoğu zaman zaten bildiğimizi ve anladığımızı düşündüğümüz için nasıl hissettiğimizi gözden geçirme ya da kontrol etme zahmetine bile girmeyiz. Bu nedenle yeni karşılaşmaların yarattığı mucizeye ve canlılığa kapalı olabiliriz. Eğer dikkatli olmazsak doğrudan temasın mümkün olduğunu bile unutabiliriz. Esas olanla bağlantımızı kaybedebilir ve bunun farkında bile olmayabiliriz. Kendimizle deneyim arasına koyduğumuz gereksiz mesafenin, uçurumun, kaybın farkında bile olmadan kendi yarattığımız hayali bir gerçeklikte yaşayabiliriz. Bunu bilmediğimizde ruhsal ve duygusal olarak daha da yoksullaşabiliriz. Ancak dünya ile temasımız doğrudan olduğunda harika ve benzersiz bir şey ortaya çıkabilir.

Akıl hocam, arkadaşım ve ünlü bir fizikçi olan Viki Weisskopf, doğrudan temasla ilgili şu dokunaklı hikâyeyi anlatır:

> Birkaç yıl önce bir dizi konferans vermem için Tucson'daki Arizona Üniversitesi'nden bir davet aldım. Bu sayede öteden beri bakmak istediğim çok güçlü bir teleskoba sahip olan Kitts Peak astronomik gözlemevini ziyaret etme şansım olacağı için seve seve kabul ettim. Beni misafir edecek kişilerden gözlemevini ziyaret etmek için bir akşam ayarlamalarını istedim, böylece teleskoptan bazı ilginç nesnelere doğrudan bakabilecektim. Ancak bana teleskop sürekli olarak fotoğrafçılık ve diğer araştırma faaliyetleri için kullanıldığından bunun imkânsız olduğu söylendi. Sadece nesnelere bakmak için zaman yoktu. Bu durumda konuşmalarımı yapmak için gelemeyeceğimi söyledim. Birkaç gün içinde her şeyin isteklerim doğ-

rultusunda ayarlandığı bilgisini aldım. Berrak bir gecede dağa doğru yola çıktık. Yıldızlar ve Samanyolu yoğun bir şekilde parlıyor ve âdeta dokunulabilecek kadar yakın görünüyordu. Kubbeye girdim ve bilgisayarla aktive edilen teleskopu çalıştıran teknisyenlere Satürn'ü ve bazı galaksileri görmek istediğimi söyledim. Daha önce sadece fotoğraflarda gördüğüm tüm detayları kendi gözlerimle ve son derece net bir şekilde gözlemlemek büyük bir zevkti. Tüm bunlara bakarken odanın insanlarla dolmaya başladığını fark ettim ve onlar da birer birer teleskopa bakmaya başladılar. Bana bunların gözlemevine bağlı astronomlar olduğu söylendi. Daha önce araştırmalarının nesnelerine doğrudan bakma fırsatını hiç bulamamışlardı. Tek umudum bu karşılaşmanın onlara bu tür doğrudan temasların önemini fark ettirmiş olmasıdır.

VICTOR WEISSKOPF, *The Joy of Insight*

DENEYİN: Hayatınızın en az ay ya da yıldızlar kadar ilginç ve mucizevi olduğunu düşünün. Hayatınızla doğrudan temas kurmanızın önüne geçen şey nedir? Bunu değiştirmek için ne yapabilirsiniz?

Bana Söylemek İstediğiniz Başka Bir Şey Var mı?

Elbette doktor-hasta ilişkisinde doğrudan temas çok önemlidir. Tıp öğrencilerinin bu alanın yapısını kavramaları ve birey olarak kendi duygularını da içerdiği için bundan dehşet içinde kaçmamaları, hastaları yalnızca hastalık bulmacaları ve yargı ve kontrol uygulama fırsatları olarak değil, insan olarak ele alıp gerçekten empatik bir şekilde dinlemeleri gerektiğini anlamaları için büyük çaba sarf ediyoruz. Pek çok şey doğrudan temasın önüne geçebilir. Pek çok doktor tıbbın bu boyutuyla ilgili resmi eğitimden yoksundur. Sağlık hizmeti dediğimiz ama çoğu zaman sadece "hasta bakımı" olan şeyde etkili iletişim ve ilginin hayati öneminin farkında değiller ve özne denklemin dışında bırakılırsa, iyi bir hasta bakımı bile ciddi şekilde eksik kalabilir.

Endişelerini ciddiye alacak bir doktor bulamadığı için çileden çıkan annem, hâlâ iyi yürüyemediği ve çok ağrısı olduğu için bir görüşme talep etmişti. Kalça kemiğini yapay bir kalça kemiğiyle değiştiren ortopedi cerrahı, röntgeni inceleyerek ne kadar iyi göründüğünü ("mükemmel" kelimesini kullanmıştı) söylemiş ve annem birkaç kez ısrar edene kadar gerçek kalça ve bacağını muayene etmek ya da onun şikâyetini kabul etmek için herhangi bir girişimde bulunmamıştı. O zaman bile gerçeğin pek bir önemi yoktu, röntgen filmi kadının ağrısı olmaması gerektiğine onu ikna ediyordu ama kadın ağrı çekiyordu.

Doktorlar farkında olmadan çalışmalarının, aletlerinin, tıbbi testlerinin ve teknik sözcük dağarcıklarının arkasına saklanabilirler. Hastayla bütün bir insan olarak, kendine özgü düşünceleri ve korkuları, değerleri, kaygıları ve soruları olan bir birey olarak doğrudan temasa geçme konusunda isteksiz olabilirler. Bu keşfedilmemiş ve potansiyel olarak korkutucu bir alan olduğu için genellikle bunu yapma kapasitelerinden şüphe duyarlar. Bunun nedeni kısmen kendi düşüncelerine, korkularına, değerlerine, kaygılarına ve şüphelerine bakmaya alışık olmamaları olabilir. Bu nedenle başka birinin düşünceleri oldukça korkutucu geliyor olabilir. Ayrıca bu potansiyel kapıları açmak için zamanları olmadığını düşünüyor ya da nasıl yanıt vereceklerini bilmiyor olabilirler. Ancak hastaların en çok ihtiyaç duyduğu şey doktorların dinlemesi, hazır bulunması, sadece hastalığı değil kişiyi de ciddiye almasıdır.

Bu amaçla tıp öğrencilerimize diğer şeylerin yanı sıra, tıbbi görüşmenin sonunda "Bana söylemek istediğiniz başka bir şey var mı?" şeklinde açık uçlu bir soru sormayı öğretiyoruz. Onları gerekirse uzunca bir süre duraklamaya, hastaya ihtiyaçlarını ve orada bulunmalarının gerçek sebebini düşünmesi için yeterli zihinsel alan bırakmaya teşvik ediyoruz. Bu genellikle ilk ya da ikinci konuşulan konu olmaz, hatta doktorun özellikle dikkati dağınıksa ya da acelesi varsa hiç konuşulmaz.

Bir gün bir fakülte gelişim oturumunda başka bir kurumdan uzmanlar öğrencilere hastayla görüşme tarzları hakkında doğrudan geri bildirim vermek için video kaydı aldıkları tıbbi görüşme eğitim programlarını anlatıyorlardı. Bize bir dizi farklı mülakata ait son sorunun sorulduğu kısa klipler gösterdiler. Her öğrenci bir hastaya basitçe "Bana söylemek istediğiniz başka bir şey var mı?" diye soruyordu. Bize bu kliplerden yola çıkarak neler olup bittiğini fark etme ve daha sonra rapor etme görevi verildi.

Üçüncü klipten sonra kahkahalarla yere yuvarlanmamak için kendimi zor tuttum. Şaşırtıcı bir şekilde bazıları durumu çabucak anlamış olsa da aramızda hâlâ anlamamış olanlar vardı. Her bir videoda aynı şey oluyordu. Bu şey o kadar barizdi ki burnumuzun dibinde olması onu görmemizi zorlaştırıyordu. Neredeyse her klipte öğrenci röportajı bitirmek için kendisine öğretilen "Bana söylemek istediğiniz başka bir şey var mı?" sorusunu sorarken başını iki yana sallayarak sözlü olmayan bir mesajı karşıya iletiyordu: "Hayır, lütfen bana daha fazla şey söylemeyin!"

Kendi Otoriteniz

Tıp merkezinde çalışmaya başladığımda bana üzerinde "Dr. Kabat-Zinn / Tıp Bölümü" yazan üç uzun beyaz önlük verildi. On beş yıldır kullanılmamış bir şekilde kapımın arkasında asılı duruyorlar.

Bana göre bu beyaz önlükler işimde tam olarak neye ihtiyacım olmadığını sembolize ediyor. Sanırım bunlar hekimler için iyi şeyler; otorite aurasını ve dolayısıyla hastaları üzerinde olumlu plasebo etkisini artırıyor. Eğer cepten doğru açıyla sarkan bir stetoskop varsa bu aura daha da güçleniyor. Genç doktorlar bazen hevesle bu işi daha iyi yapmaya çalışır ve stetoskopu pratik edildiği belli olan bir rahatlıkla enselerine ve omuzlarına takarlar.

Ancak stres azaltma kliniğinde çalışırken beyaz önlük giymek gerçek bir engel olacaktır. İnsanların benim "Bay Gevşeme" ya da "Dr. Her Şeye Sahip" ya da "Bay Bilgelik ve Şefkatin Cisimleşmiş Hali" olduğuma dair edindikleri izlenimleri geri çevirmek için gereğinden fazla çabalamak zorundayım. Bilinçli farkındalık temelli stres azaltmanın ve bu bağlamda en geniş anlamıyla sağlığın geliştirilmesinin tüm amacı insanları kendi otoriteleri olmaya, kendi yaşamları, bedenleri ve sağlıkları için daha fazla sorumluluk almaya yönlendirmek ve teşvik etmektir. Her bireyin zaten kendisi üzerindeki otorite olduğunu ya da en azından bilinçli farkındalıkla hareket etmeye başlarsa olabileceğini vurgulamak isterim. Her birimizin kendimiz ve sağlığımız hakkında daha bilinçli olmak için ihtiyaç duyduğumuz bilgilerin çoğu (gelişmek, iyileşmek ve etkili yaşam seçimleri yapmak için şiddetle ihtiyaç duyduğumuz bilgiler) zaten parmaklarımızın ucundadır, burnumuzun dibindedir.

Kendi sağlığımıza ve esenliğimize daha kapsamlı bir şekilde dâhil olmak için yapmamız gereken şey daha dikkatli dinlemek ve duyduklarımıza güvenmek, kendi yaşamımızdan, kendi bedenimizden, zihnimizden ve duygularımızdan gelen mesajlara inanmaktır. Bu katılım ve güven duygusu tıpta sıklıkla eksik kalan bir bileşendir. Biz buna şifa için ya da sadece daha iyi başa çıkmak, biraz daha net görmek, biraz daha atılgan olmak, daha fazla soru sormak, daha ustaca idare etmek için "hastanın iç kaynaklarını harekete geçirmek" diyoruz. Bu tıbbi bakımın yerine geçmez ancak gerçekten sağlıklı bir yaşam sürmeyi hedefliyorsanız (özellikle de hastalık, engellilik, sağlık sorunları ve sıklıkla rahatsız edici, korkutucu, anlayışsız ve bazen de iyatrojenik olan sağlık sistemi karşısında), gerekli bir tamamlayıcıdır.

Böyle bir tutum geliştirmek kişinin kendi hayatını kendisinin yazması ve dolayısıyla bir ölçüde otoriteyi kendisinin üstlenmesi anlamına gelir. Kişinin kendine inanmasını içerir. Ne yazık ki çoğumuz içten içe buna inanmıyoruz.

Bilinçli farkındalıklı sorgulama düşük özsaygıyı düzeltebilir çünkü düşük özsaygı aslında yanlış bir değerlendirmedir, gerçekliğin yanlış algılanmasıdır. Meditasyon esnasında kendi bedeninizi ve hatta sadece nefes alıp verişinizi gözlemlemeye başladığınızda bunu çok net bir şekilde görebilirsiniz. Kısa sürede bedeninizin bile mucizevi olduğunu anlarsınız. Bu bilinçli bir çaba sarf etmeden anbean inanılmaz işler başarır. Özsaygı sorunlarımız büyük ölçüde geçmiş deneyimlerimizin şekillendirdiği düşüncelerimizden kaynaklanır. Yalnızca eksikliklerimizi görür ve onları abartırız. Aynı zamanda tüm iyi niteliklerimizi hafife alır ya da hiç kabul etmeyiz. Belki de çocukluğumuza ait derin ve hâlâ kanayan yaralara takılıp kalıyor ve iyi niteliklere de sahip olduğumuzu unutuyor ya da bunları hiç keşfedemiyoruz. Yaralar önemlidir ancak içsel iyiliğimiz, şefkatimiz, başkalarına karşı nezaketimiz, bedenimizin bilgeliği, düşünme kapasitemiz, neyin ne olduğunu bilmemiz de önemlidir. Ve neyin ne olduğunu biliyoruz, izin verdiğimizden çok daha fazlasını biliyoruz. Yine de dengeli bir şekilde görmek yerine sıklıkla başkalarının iyi bizim ise kötü olduğumuz düşüncesinde ısrar ediyoruz.

İnsanlar düşündüklerini bana bu şekilde yansıttıklarında bundan ürküyorum. Ne yaptıklarını görmeleri ve bana yönelik pozitif düşüncelerinin aslında kendilerine ait olduğunu anlamaları umuduyla elimden geldiğince sağduyulu bir şekilde bunu onlara geri yansıtmaya çalışıyorum. Pozitiflik kendilerine ait. Bu onların enerjisi ve bunu saklamaları, kullanmaları ve kaynağını değerlendirmeleri gerekiyor. Güçlerini neden başkasına versinler ki? Benim kendime ait yeterince sorunum var.

> İnsanlar birbirlerine verdikleri değeri sahip oldukları şeylerle ölçerler, kendileriyle değil... Size kendinizden başka hiçbir şey huzur getiremez.
>
> RALPH WALDO EMERSON, *Self-Reliance*

Gittiğin Her Yere Kendini de Götürürsün

Hiçbir şeyden kaçış olmadığını hiç fark ettiniz mi? Uğraşmak istemediğiniz, kaçmaya çalıştığınız ya da üzerini örtüp yokmuş gibi davrandığınız şeyler er geç sizi bulur; özellikle de bunlar eski kalıplar ve korkularla ilgiliyse. Romantik düşünce şudur: Eğer burada işler iyi gitmiyorsa, sadece oraya gitmeniz yeterlidir ve her şey farklı olacaktır. Eğer bu iş iyi değilse, iş değiştirin. Eğer bu eş iyi değilse, eşinizi değiştirin. Eğer bu şehir iyi değilse, şehir değiştirin. Eğer bu çocuklar sorun yaratıyorsa, onlara bakması için başkalarını bulun. Bunun altında yatan düşünce sorunlarınızın nedeninin sizin dışınızda; bulunduğunuz yerde, başkalarında, koşullarda olduğudur. Yerinizi değiştirin, koşulları değiştirin ve her şey yerli yerine otursun; artık yeniden başlayabilir, yeni bir başlangıç yapabilirsiniz.

Bu bakış açısıyla ilgili sorun kafanızı, kalbinizi ve bazılarının "karma" dediği şeyi yanınızda taşıdığınız gerçeğini kolayca göz ardı etmesidir. Ne kadar uğraşırsanız uğraşın, kendinizden kaçamazsınız. Ve başka bir yerde her şeyin daha farklı ya da daha iyi olacağını düşünmek saf hüsnükuruntu değil de nedir? Eğer bu sorunlar büyük ölçüde görme, düşünme ve davranış kalıplarınızdan kaynaklanıyorsa er geç aynıları ortaya çıkacaktır. Çoğu zaman yaşamımız, hayatta çaba göstermeyi bıraktığımız için, her şeyin olduğu haliyle sorumluluğunu üstlenmeye ve zorlukla başa çıkmaya isteksiz olduğumuz için işlememeye başlar. Ne kadar sorunlu olursa olsun, netliğe, anlayışa ve dönüşüme ulaşmanın aslında "şimdi ve burada" olanın tam ortasında mümkün olduğunu anlamıyoruz. Sorunlarımıza olan katkımızı diğer insanlara ve çevreye yansıtmak daha kolaydır ve benlik duygumuz açısından daha az endişe vericidir.

Hata bulmak, suçlamak ve dışarıdan bir değişime, sizi geride tutan, gelişiminizi ve mutluluğu bulmanızı engelleyen güçlerden bir kaçışa ihtiyacınız olduğuna inanmak çok daha kolaydır. Hatta tüm sorunlar için kendinizi suçlayabilir ve sorumluluktan nihai bir kaçış olarak her şeyi geri dönülemez bir şekilde berbat ettiğinizi ya da onarılamayacak kadar hasar gördüğünüzü hissederek uzaklaşabilirsiniz. Her iki durumda da gerçek bir değişim ya da gelişim gösteremeyeceğinize ve kendinizi sahneden çekerek başkalarının daha fazla acı çekmesini engellemeniz gerektiğine inanırsınız.

Olaylara bu şekilde bakmanın birçok yönden zararı vardır. Etrafınıza baktığınızda doğru kişinin, doğru işin, doğru yerin, doğru kitabın her şeyi daha iyi hale getireceği umuduyla bir yerden başka bir yere, bir işten diğerine, bir ilişkiden bir sonrakine, bu kurtuluş fikrinden ötekine gidip gelen köksüz, kaybolmuş gezginler, parçalanmış ilişkiler, parçalanmış aileler, parçalanmış insanlar bulacaksınız.

Meditasyon kendi başına, kişinin sorunlarına yanıtlar ve çözümler bulmak için başka yerlere bakma örüntüsünden kurtulmasını sağlamaz. Bazen insanlar kronik olarak bir teknikten diğerine, öğretmenden öğretmene ya da gelenekten geleneğe geçerek o özel şeyi, öğretiyi, ilişkiyi, kendini anlama ve özgürleşmenin kapısını açacak o anlık "yükselmeyi" ararlar. Ancak bu ciddi bir yanılsamaya, size en yakın ve belki de en acı verici olana bakmaktan kaçmak için sonu gelmeyen bir arayışa dönüşebilir. İnsanlar korkudan ve net görmelerine yardımcı olacak özel birine duydukları özlemden dolayı bazen meditasyon öğretmenleriyle sağlıksız bağımlı ilişkiler geliştirirler ve öğretmen ne kadar iyi olursa olsun, nihayetinde içsel çalışmayı kendilerinin yaşaması gerektiğini ve bu çalışmanın her zaman kendi yaşamlarının doğasından geldiğini unuturlar.

Hatta bazı insanlar öğretmenlerin liderliğindeki meditasyon inzivalarını, kendilerine derinlemesine bakmak için büyük bir fırsat olarak değil, hayatlarına devam edebilmenin bir yolu olarak görüp kötüye kullanırlar. İnzivada her şey kolaydır. Yaşamın temel gereklilikleri yerine getirilir. Dünya anlam kazanır. Tek yapmamız gereken oturmak ve yürümek, bilinçli farkındalıklı olmak, anda kalmak, şefkatli bir personel tarafından pişirilen yemeklerle beslenmek, kendileri üzerinde derinlemesine çalışmış ve yaşamlarında önemli bir anlayış ve uyuma ulaşmış insanlar tarafından ortaya konan büyük bilgeliği dinlemektir ve ardından dönüşeceğiz, kendimizi daha eksiksiz yaşamak için ilham alacağız, dünyada nasıl olmamız gerektiğini bileceğiz, kendi sorunlarımıza yaklaşırken daha iyi bir bakış açısına sahip olacağız.

Bunların hepsi büyük ölçüde doğrudur. Eğer kişi bir inziva sırasında ortaya çıkan her şeye bakmaya istekliyse, iyi öğretmenler ve inzivada uzun süre izole bir şekilde meditasyon yapmak son derece değerli ve iyileştirici olabilir. Ancak dikkat edilmesi gereken bir tehlike de inzivanın dünyadaki yaşamdan bir kaçışa dönüşmesi ve bunun sonucunda kişinin "dönüşümünün" sığ kalmasıdır. Değişim belki de inziva sona erdikten sonra birkaç gün, hafta veya ay sürecek ardından eski düzene ve ilişkilerdeki bulanıklığa geri dönecek ve bir sonraki inzivayı veya bir sonraki büyük öğretmeni veya Asya'ya yapılacak bir hac yolculuğunu veya her şeyin derinleşeceği veya netleşeceği ve daha iyi bir insan olacağınız başka bir romantik fanteziyi dört gözle bekleyeceksiniz.

Bu düşünme ve görme biçimi, çok yaygın görülen bir tuzaktır. Uzun vadede kendinizden bir kaçış yoktur, yalnızca dönüşüm vardır. Uyuşturucu ya da meditasyon, alkol ya da Club Med, boşanma ya da işten ayrılma fark etmez. Mevcut durumla tamamen yüzleşmeden ve farkındalıkla ona açılmadan durumun pürüzlerinin kendi pürüzlerinizi aşındırmasına izin vermeden gelişime giden bir çözüm olamaz. Başka bir deyişle yaşamın kendisinin öğretmeniniz olmasına izin vermeye istekli olmalısınız.

Bu olduğunuz yerde, şimdi ve burada mevcut olanlarla çalışmanın yoludur. O halde gerçekte olan budur. Bu yer, bu ilişki, bu ikilem, bu iş... Bilinçli farkındalığın zorluğu, (ne kadar tatsız, cesaret kırıcı, kısıtlayıcı, sonu gelmez ve bunaltıcı görünürlerse görünsünler) içinde bulunduğunuz şartlarla çalışmaktır ve zarardan dönüp, yolunuza devam etmeye karar vermeden önce bu şartların enerjilerini kendinizi dönüştürmek için kullanmak üzere elinizden gelen her şeyi yaptığınızdan emin olmaktır. Asıl işin tam da burada gerçekleşmesi gerekir.

Öyleyse meditasyon pratiğinizin sıkıcı olduğunu veya yararlı olmadığını ya da bulunduğunuz yerde koşulların uygun olmadığını düşünüyorsanız ve Himalayalar'da bir mağarada, Asya'da bir manastırda, tropik bölgelerde bir plajda veya doğal bir ortamda bir inzivada olsanız her şeyin daha iyi, meditasyonunuzun daha güçlü olacağını düşünüyorsanız... Tekrar düşünün. Mağaranıza, plajınıza ya da inzivaya çekildiğiniz yere vardığınızda aynı zihinle, aynı bedenle ve burada sahip olduğunuz aynı nefesle orada olursunuz. Mağarada on beş dakika kadar kaldıktan sonra yalnızlık çekebilir daha fazla ışık isteyebilirsiniz. Sahilde yağmur yağabilir veya soğuk olabilir. İnzivada öğretmenleri, yemekleri ya da odanızı sevmeyebilirsiniz. Her zaman hoşlanmayacağınız bir şey olacaktır. Öyleyse neden kendinizi bırakmıyor ve nerede olursanız olun evinizde olabileceğinizi kabul etmiyorsunuz? Tam o anda varlığınızın özüne dokunup içeri girmesi ve iyileştirmesi için bilinçli farkındalığı davet edersiniz. Ancak bunu anladığınızda mağara, manastır, plaj, inziva merkezi size gerçek zenginliklerini sunacaktır. Diğer tüm anlar ve yerler de öyle…

> Ayağım dar bir çıkıntıdan kayıyor: O saniyede korkunun iğneleri kalbi ve şakakları delerken sonsuzluk şimdiki zamanla birleşiyor. Düşünce ve eylem farklı değildir. Taş, hava, buz, güneş, korku ve benlik birdir. Heyecan verici olan, bu keskin farkındalığı sıradan anlara, kendilerini olayların merkezinde bulan ve gerçek varlığın sırrına ihtiyaç duymayan kuzu ve kurdun deneyimine anbean yaymaktır. Şu anda aldığımız bu nefeste tüm büyük öğretmenlerin bize anlatmaya çalıştığı, bir lamanın "şimdinin kesinliği, açıklığı ve bilgeliği" olarak ifade ettiği sır yatmaktadır. Meditasyon uygulamasının amacı aydınlanma değildir, sıra dışı zamanlarda bile dikkatimizi vermek, şimdiki zamandan başka bir şey olmamak, şimdiki zamanın bilinçli farkındalığını sıradan yaşamın her anına taşımaktır.
>
> PETER MATTHIESSEN, *The Snow Leopard*

Üst Kata Çıkmak

Günlük hayatta bilinçli farkındalık pratiği yapmak için pek çok fırsat vardır. Üst kata çıkmak benim için bunlardan biri. Evdeyken bunu günde yüzlerce kez yapıyorum. Genellikle üst kattan bir şeye ihtiyacım olur ya da üst kattaki biriyle konuşmam gerekir ancak asıl işim alt kattadır bu yüzden sık sık iki yer arasında gidip gelirim. Yukarı çıkarım ama aradığım şeyi bulduktan ya da tuvalete gittikten sonra aşağı inerim.

Bu yüzden sık sık başka bir yerde olma ihtiyacım ya da gerçekleşmesi gerektiğini düşündüğüm bir sonraki şey veya gitmem gerektiğini düşündüğüm bir sonraki yer tarafından çekildiğimi fark ediyorum. Hızlıca ve genellikle ikişer ikişer merdivenleri çıktığım zamanlarda, bazen bu telaşlı koşuşturmanın ortasında kendimi yakalayabiliyorum. Hafifçe nefes nefese kaldığımın bilincine varıyorum; zihnimin de kalbim kadar hızlandığının, o andaki tüm varlığımın aceleci bir amaç tarafından yönlendirildiğinin farkına varıyorum.

Henüz merdivenin dibindeyken ya da yukarı çıkmaya başlarken bu enerji dalgasını farkındalıkla yakalayabildiğimde bazen kendimi yavaşlatıyorum. Sadece her seferinde bir adım atmakla kalmıyor, gerçekten yavaşlıyorum ve bazen her adımı bir nefes döngüsünde atıyorum. Kendime gerçekten gitmem gereken bir yer olmadığını ve bekleyemeyecek bir şey olmadığını hatırlatarak anda kalıyorum.

Bunu yapmayı hatırladığımda, yol boyunca daha fazla temas halinde olduğumu ve en üste çıktığımda daha fazla odaklanmış olduğumu görüyorum. Ayrıca neredeyse hiçbir zaman dışa dönük bir acelemin olmadığını görüyorum. Bu genellikle sabırsızlık ve bilinçsiz bir tür endişeli düşünme halinden kaynaklanan içsel bir telaş oluyor. Bu telaşın boyutu, onu tespit etmem için dikkatlice dinlemem gerekecek kadar hafif ve neredeyse hiçbir şeyin momentumunu saptıramayacağı kadar baskın olma aralığında değişebiliyor. Ancak o zaman bile bunun ve sonuçlarının farkında olabiliyorum ve bu farkındalık kendi başına, o anlarda zihnin çalkantısında kendimi tamamen kaybetmemi önlememe yardımcı oluyor. Ve tahmin edebileceğiniz üzere bu merdivenlerden inerken de işe yarıyor. Ancak burada yerçekiminin momentumu benim için çalıştığından, her şeyi yavaşlatmak daha da zor oluyor.

DENEYİN: Evinizde geçirdiğiniz sıradan, tekrar eden anları bilinçli farkındalık pratiği yapmak için birer davetiye olarak kullanın. Kapıya gitmek, telefona cevap vermek, evde konuşacak başka birini aramak, banyoya gitmek, çamaşırları kurutucudan çıkarmak, buzdolabına gitmek... Hepsi yavaşlamak ve şimdiki anla daha fazla temas halinde olmak için birer fırsat olabilir. Sizi ilk çaldığı anda telefona ya da kapı ziline yönelten içsel duyguları fark edin. Tepki süreniz neden sizi bir önceki anda yaşadığınız hayattan çekip çıkaracak kadar kısa olmak zorunda? Bu geçişler daha zarif hale gelebilir mi? Her an, olduğunuz yerde daha fazla durabilir misiniz?

Ayrıca duş almak veya yemek yemek gibi şeylerde de anda kalmayı deneyin. Duştayken gerçekten duşta mısınız? Suyu teninizde hissediyor musunuz? Yoksa başka bir yerde misiniz? Düşüncelere dalmış halde misiniz? Duş anını tamamen kaçırıyor musunuz? Yemek yemek de bilinçli farkındalık pratiği için iyi bir fırsattır. Yemeğinizin tadına bakıyor musunuz? Ne kadar hızlı, ne kadar çok, ne zaman, nerede ve ne yediğinizin farkında mısınız? Bütün gününüzü şimdiki zamanda kalmak ya da kendinizi tekrar tekrar şimdiki zamana geri getirmek için bir fırsat haline getirebilir misiniz?

Bobby McFerrin Dinlerken Ocağı Temizlemek

Mutfakta ocağı temizlerken aynı anda hem kendimi kaybedip hem de bulabiliyorum. Bu bilinçli farkındalık pratiği için nadir de olsa harika bir fırsattır. Bu temizliği düzenli olarak yapmadığım için yapma zamanım geldiğinde bu iş oldukça zorlayıcı bir hale gelmiş oluyor. İşim bittiğinde ocağın yepyeni görünmesini sağlamayı hedefliyorum.

Kabartma tozu kullanarak yeterince sert ovduğumda kurumuş yiyecekleri çıkaracak kadar kuvvetli ancak cilayı çizecek kadar sert olmayan bir fırça kullanıyorum. Ocağın parçalarını ve altındaki kapakları, hatta düğmeleri bile çıkarıp lavaboda bekletiyorum. Sonra ocak yüzeyinin her santimetrekaresini fırçalıyorum. Bazen dairesel hareketleri, bazen de ileri geri hareketleri tercih ediyorum. Her şey lekenin konumuna ve cinsine bağlı. Dairesel olarak ya da ileri geri hareket ederken, hareketi tüm vücudumda hissediyorum. Bu noktada güzel görünmesi için ocağı temizlemeye çalışmıyorum, sadece hareket ediyorum ve her şeyin gözlerimin önünde yavaşça değişmesini izliyorum. Sonunda yüzeyi nemli bir süngerle dikkatlice siliyorum.

Müzik bazen bu deneyime katkı sağlıyor. Diğer zamanlarda ise çalışmak için sessizliği tercih ediyorum. Bir cumartesi sabahı ocağı temizleme fırsatı doğduğunda Bobby McFerrin'in bir albümünü açtım. Böylece temizlik dansa dönüştü. Sözler, sesler ve ritimle bedenimin hareketleri birleşti, birbirine karıştı, sesler hareketle birlikte ortaya çıktı, kollarımdaki hisler çeşitlendi, gerektiğinde fırçanın üzerine parmağımla yaptığım basınçta değişiklikler oldu, kurumuş yemek kalıntıları yavaşça şekil değiştirdi ve kayboldu. Hepsi müzikle birlikte farkındalığımın içinde de belirip kayboldu. Bu var olmaya dair büyük bir dans, şimdinin bir kutlamasıydı. Ve sonunda, temiz bir ocak ortaya çıktı. Normalde böyle şeyler için övgü talep eden ("Bak ocağı ne güzel temizledim.") ve bunun için onay arayan ("İyi bir iş çıkarmadım mı?") iç sesim kıpırdandı ama hızlı bir şekilde neler olup bittiğine dair daha geniş bir anlayış tarafından yutuldu.

Bilinçli farkındalıkla konuşursak, ocağı "benim" temizlediğimi iddia etmem pek mümkün olmaz. Daha ziyade Bobby McFerrin'in, fırçanın, karbonatın ve süngerin yardımıyla, sıcak suyun ve şimdiki ana dair birçok etkenin katılımıyla ocak kendi kendini temizledi.

Gezegendeki Asıl Görevim Nedir?

"Gezegendeki görevim nedir?" sorusunu kendimize tekrar tekrar sormamız iyi olabilir. Aksi takdirde farkında bile olmadan kendimizi başkasının görevini yaparken bulabiliriz. Dahası o başkası, kendi hayal gücümüzün bir ürünü ve belki de bunun bir tutsağı olabilir.

Düşünen yaratıklar olarak biz de tüm yaşam formları gibi beden dediğimiz benzersiz organizma birimlerinde paketlenmiş durumdayız. Aynı zamanda yaşamın durmaksızın hareket eden dokusunun bir parçası olduğumuzdan, hayatta olmanın ne anlama geldiğine dair eşsiz parçamızın sorumluluğunu üstlenebilecek kapasiteye sahibiz. Ancak aynı zamanda düşünen zihnimizin bu dünyadaki yolculuğumuzu tamamen bulandırmasına izin verme kapasitesine de sahibiz. Düşünce kalıplarımızın ve koşullanmalarımızın gölgesinde kalırsak, eşsizliğimizi asla fark edememe riskiyle karşı karşıyayız.

Jeodezik kubbenin kâşifi/mucidi Buckminster Fuller otuz iki yaşındayken bir gece Michigan Gölü kenarında intihar etmeyi düşünmüştü. Anlatılana göre iş ile ilgili bir dizi başarısızlıktan sonra hayatı o kadar berbat olmuştu ki yapabileceği en iyi şeyin kendisini sahneden çekip karısı ve küçük kızı için durumu kolaylaştırmak olduğuna inanmıştı. Anlaşılan dokunduğu ya da giriştiği her şey, ancak daha sonradan fark edilecek olan inanılmaz yaratıcılığına ve hayal gücüne rağmen yerle bir olmuştu. Ancak Fuller hayatına son vermek yerine (belki de kendisinin de ayrılmaz bir parçası olduğunu içten içe bildiği evrenin temelindeki birlik ve düzene olan derin inancı nedeniyle) o andan itibaren sanki o gece ölmüş gibi yaşamaya karar verdi.

Ölmüş olduğu için artık olayların kendi açısından nasıl sonuçlanacağı konusunda endişelenmesine gerek kalmayacak ve kendini evrenin bir temsilcisi olarak yaşamaya adamakta özgür olacaktı. Hayatının geri kalanı ona sunulan bir armağan olacaktı. Kendisi için yaşamak yerine, "Bu gezegende (kendisinin Uzay Gemisi Dünya olarak adlandırdığı) yapılması gereken, hakkında bir şeyler bildiğim ve ben sorumluluk almazsam muhtemelen gerçekleşmeyecek olan şey nedir?" diye sormaya kendini adayacaktı. Bu soruyu sürekli sormaya ve içindeki sesi dinleyerek aklına ne gelirse onu yapmaya karar verdi. Bu şekilde evrenin bir çalışanı olarak insanlığa hizmet ederken kim olduğunuz, nasıl olduğunuz ve ne yaptığınızla bulunduğunuz yeri değiştirebilir ve ona katkıda bulunabilirsiniz. Ama bu artık kişisel bir mesele olmaktan çıkar. Bu sadece evrenin bütünlüğünün kendini ifade eden bir parçasıdır.

Kalbimizin bizi ne yapmaya ve ne olmaya davet ettiğini nadiren sorgular ve düşünürüz. Ben bu tür çabaları soru formunda çerçevelemeyi seviyorum: "Gezegendeki asıl görevim nedir?" ya da "Yapmak için üzerine para ödeyecek kadar önemsediğim şey nedir?" gibi. Böyle bir soru sorduğumda "Bilmiyorum," dışında bir yanıt bulamazsam, soruyu sormaya devam ederim. Bu tür sorular üzerine düşünmeye yirmili yaşlarınızda başlarsanız otuz beş, kırk, elli ya da altmış yaşına geldiğinizde bu sorgulamanın sizi yalnızca ana akım geleneklerin, ebeveynlerinizin sizin için beklentilerinin veya daha da kötüsü kendi sorgulanmamış sınırlayıcı inançlarınızın ve beklentilerinizin götüreceğinden başka yerlere götürmüş olduğunu fark edebilirsiniz.

Bu soruyu herhangi bir zaman, herhangi bir yaşta sormaya başlayabilirsiniz. Bunun hayatta olaylara bakışınız ve yaptığınız seçimler üzerinde derin bir etki yaratmayacağı bir zaman yoktur. Bu, yaptığınız şeyi değiştireceğiniz anlamına gelmeyebilir ancak yaptığınız şeyi nasıl gördüğünüzü, onu nasıl tuttuğunuzu ve belki de onu nasıl yaptığınızı değiştirmek isteyebileceğiniz anlamına gelebilir. Evren işvereniniz olduğunda, maaşınızı başka biri veriyor olsa bile, çok ilginç şeyler olmaya başlar. Ancak sabırlı olmanız gerekir. Bu varoluş biçimini geliştirmek zaman alır. Elbette başlamak için en doğru yer tam da burasıdır. En iyi zaman mı? Şu ana ne dersiniz?

Bu tür iç gözlemlerden ne çıkacağını asla bilemezsiniz. Fuller şu anda oluyor gibi görünen şeylerin hiçbir zaman gerçekte neler olup bittiğiyle ilgili tam gerçeği yansıtmadığını söylemekten hoşlanırdı. Bal arısı için önemli olan şeyin bal olduğunu belirtmeyi severdi. Ancak arı aynı zamanda doğada çiçeklerin çapraz tozlaşmasını gerçekleştiren araçtır. Birbirine bağlılık doğanın temel bir ilkesidir. Hiçbir şey birbirinden ayrı bir şekilde var olmaz. Her olay diğerleriyle bağlantılıdır. Olaylar sürekli olarak farklı düzeylerde gelişir. Bize düşen tüm bunların temel yapısını elimizden geldiğince iyi algılamak ve özgünlük ve kararlılıkla hayatın dokusunda kendi ipliğimizi takip etmeyi öğrenmektir.

Fuller, biçimin ve işlevin ayrılmaz bir şekilde birbirine bağlı olduğu temel bir doğa mimarisine inanıyordu. Doğanın planlarının bir anlam ifade edeceğine ve hayatımızla pek çok düzeyde ilgisi olacağına inanıyordu. Ölmeden önce, X-ışını kristalografik çalışmaları birçok virüsün onun polihedralarla uğraşırken keşfettiği jeodezik prensiplerle aynı şekilde yapılandığını göstermişti.

Bu çalışmasının sonucunu görecek kadar uzun yaşamadı ancak diğer tüm ufuk açıcı icatlarına ve fikirlerine ek olarak, kısa sürede Buckminsterfullerenes veya buckyballs olarak bilinen olağanüstü özelliklere sahip futbol topu benzeri karbon bileşiklerin keşfi ile yepyeni bir kimya alanı açıldı. Kendi kendine uğraşırken, kendi yolunu takip ederken ortaya çıkan düşünceleri keşiflere ve hayal bile edemeyeceği dünyalara yol açtı. Sizinkiler de öyle olabilir. Fuller kendini hiçbir zaman özel biri olarak görmedi, o sadece fikirlerle ve biçimlerle oynamayı seven sıradan bir insandı. Sloganı şuydu: "Eğer ben anlayabiliyorsam, herkes anlayabilir."

> Kendiniz olmakta ısrarcı olun, asla başka şeyleri taklit etmeyin. Kendi yeteneğinizi koca bir yaşam boyunca birikmiş bir güçle her an sunabilirsiniz ama bir başkasının benimsediği yetenek üzerinde sadece yarım bir hâkimiyetiniz vardır... Size verilen görevi yerine getirirseniz ne çok şey umabilir ne de çok şeye cesaret edebilirsiniz.
>
> RALPH WALDO EMERSON, *Self-Reliance*

Analog Dağ

"Yapabilir. Ama sonuçta dağa kimin tırmanacağına dağ karar verecek."

EVEREST TIRMANIŞ LİDERİ, yaşlı ve tecrübeli bir dağcının zirveye tırmanma şansı olup olmayacağı sorulduğunda

Dışsal ve içsel dağlar vardır. Bunların varlığı bize seslenir, bizi yükselmeye çağırır. Belki de bir dağın öğretisi tüm dağı hem dışsal hem de içsel olarak kendi içinizde taşıdığınızdır. Bazen dağı arar ve bulamazsınız, ta ki motivasyonunuz gerekli yüksekliğe ulaşana ve bir yol bulmaya hazır olduğunuz zaman gelene kadar. Dağa tırmanış; yaşam arayışı, ruhani yolculuk, gelişim, dönüşüm ve anlayış yoluna dair güçlü bir metafordur. Yol boyunca karşılaştığımız zorluklar, kendimizi esnetmek ve böylece sınırlarımızı genişletmek için ihtiyaç duyduğumuz mücadeleleri somutlaştırır. Nihayetinde dağ olan, öğretmen olan, güç ve bilgelik içinde gelişmeye dair içsel çalışmaları yapmamız için bize fırsatlar sunan hayatın kendisidir. Ve bu yolculuğu yapmayı seçtiğimizde öğrenmemiz ve geliştirmemiz gereken çok şey vardır. Riskler büyük, fedakârlıklar muazzam, sonuç her zaman belirsizdir. Nihayetinde macera zirvede durmak değil, tırmanışın kendisidir.

Önce tabanın nasıl bir yer olduğunu öğreniriz. Ancak daha sonra yamaçlarla ve nihayet belki de zirveyle karşılaşırız. Ancak dağın zirvesinde kalamazsınız. İniş olmadan, geri adım atmadan ve bütünü uzaktan tekrar görmeden yukarıya doğru olan yolculuk tamamlanmış sayılmaz. Fakat zirveye çıktıktan sonra yeni bir bakış açısı kazanmış olursunuz ve bu bakış açısı görme biçiminizi sonsuza dek değiştirebilir.

René Daumal "Analog Dağ" adlı tamamlanmamış öyküsünde bu içsel maceranın bir parçasını tasvir etmişti. En net hatırladığım kısım Dağ'ın kuralı ile ilgili: Dağda bir sonraki kampa doğru ilerlemeden önce sizden sonra gelecekler için bıraktığınız kampı yenilemeli ve dağdan aşağıya inerek diğer dağcılarla daha yukarıda edindiğiniz bilgileri paylaşmalısınız. Bu şekilde onlar da tırmanışınızda şimdiye kadar öğrendiklerinizden faydalanabilirler.

Bir şeyleri öğretirken hepimizin yaptığı bir bakıma budur. Şimdiye kadar deneyimlediklerimizi elimizden geldiğince başkalarına anlatırız. En iyi ihtimalle bu bir ilerleme raporu, deneyimlerimizin bir haritasıdır ama hiçbir şekilde mutlak gerçek değildir. Ve böylece macera başlar. Hepimiz birlikte Analog Dağ'dayız. Ve birbirimizin yardımına ihtiyacımız var.

Karşılıklı Bağlantılılık

Her şeyin diğer her şeyle belirli şekillerde bağlantılı olduğunu, bir şeyin olması için diğerinin de olması gerektiğini çocukluğumuzdan beri çok iyi biliyoruz. Ateş yakmak için odun toplarken süte bakmayı ihmal ettiği için sütünü tilki içen yaşlı kadının hikâyesini belki biliyorsunuzdur. Kadın öfkeyle tilkinin kuyruğunu keser. Tilki kuyruğunu geri ister ve yaşlı kadın ona eğer sütünü geri verirse kuyruğunu dikeceğini söyler. Bunun üzerine tilki tarladaki ineğe gider ve biraz süt ister, inek de tilki ona biraz ot getirirse süt vereceğini söyler. Tilki tarlaya gider ve biraz ot ister, tarla da "Bana biraz su getir," der. Tilki dereye gider ve su ister, dere de "Bana bir testi getir," der. Bu bir değirmencinin sempati ve nezaketle tilkiye tavuktan yumurta almak için kullanacağı tahılı vermesine kadar devam eder. Tilki sonra aldığı yumurtayı satıcıya verip boncuk alır, boncuğu kıza verip ondan su için testi alır... Ve en sonunda tilki kuyruğunu geri alıp mutlu bir şekilde uzaklaşır. Bir şeyin gerçekleşmesi için bir diğerinin olması gerekir. Hiçbir şey yoktan var olmaz. Her şeyin bir öncülü vardır. Değirmencinin nezaketi bile bir yerden gelmiştir.

Herhangi bir süreci derinlemesine incelediğimizde bunun geçerli olduğunu görebiliriz. Güneş ışığı olmazsa, yaşam da olmaz. Su olmazsa, yaşam olmaz. Bitki olmazsa fotosentez olmaz, fotosentez olmazsa hayvanların soluyabileceği oksijen olmaz. Ebeveyn yoksa siz de olmazsınız. Kamyonlar olmazsa, şehirlerde yiyecek olmaz. Kamyon üreticileri olmazsa, kamyonlar da olmaz. Çelik işçileri olmazsa, üreticiler için çelik de olmaz. Madencilik olmazsa, çelik işçileri için çelik olmaz. Yemek olmazsa, çelik işçileri de olmaz. Yağmur olmazsa, yemek de olmaz. Güneş ışığı olmazsa, yağmur da olmaz. Evrende yıldız ve gezegen oluşumu için gerekli koşullar olmazsa, güneş ışığı ve Dünya da olmaz. Bu ilişkiler her zaman basit ve doğrusal değildir. Genellikle her şey incelikle dengelenmiş bağlantılardan oluşan karmaşık bir ağın içine gömülüdür. Yaşam, sağlık ya da biyosfer olarak adlandırdığımız şeylerin hepsi mutlak bir başlangıç ya da bitiş noktası olmayan, birbiriyle bağlantılı karmaşık sistemlerdir.

Dolayısıyla düşüncelerimizin herhangi bir şeyi ya da durumu karşılıklı bağlantılılığın ve akışın bilincinde olmadan tamamen ayrı bir varoluş haline getirmesine izin vermenin anlamsızlığını ve tehlikesini görüyoruz. Her şey diğer tüm şeylerle ilişkilidir ve bir bakıma aynı anda hem diğer her şeyi kapsar hem de diğer her şey tarafından kapsanır. Dahası her şey akış halindedir. Yıldızlar doğar, aşamalardan geçer ve ölür. Gezegenlerin de bir oluşum ve nihai yok oluş ritmi vardır. Yeni arabalar daha fabrikadan çıkmadan hurda yığınına doğru yola koyulmuşlardır. Bu farkındalık gelip geçiciliğe karşı minnetimizi artırabilir ve etrafımızdaki şeyleri, koşulları ve ilişkileri hafife almamamıza yardımcı olabilir. Temas halinde olduğumuz her şeyin bizi her an tüm dünyaya bağladığını ve nesnelerin, diğer insanların ve hatta yerlerin ve koşulların yalnızca geçici olarak burada olduğunu derinlemesine inceleyip algılarsak hayata, insanlara, yiyeceklere, fikirlere ve anlara daha fazla değer verebiliriz. Bu "şimdi"yi çok daha ilginç kılar. Aslında, "şimdi"yi her şey yapar.

Nefes alma farkındalığı deneyimlerimizin, düşüncelerimizin, hislerimizin, duygularımızın, algılarımızın, dürtülerimizin, anlayışımızın, bilincimizin boncuklarının geçirilebileceği bir iptir. Üretilen bu kolye yeni bir şeydir. Aslında tam anlamıyla bir "şey" değil, daha ziyade yeni bir görme biçimi, yeni bir varoluş biçimi, dünyada yeni bir davranış biçimine izin veren yeni bir deneyimleme biçimidir. Bu yeni yol, birbirinden ayrı gibi görünen şeyleri birbirine bağlar. Ama aslında hiçbir şey birbirinden ayrı değildir ve her şey yeniden bağlanmaya ihtiyaç duyar. Ayrılığı yaratan ve devam ettiren bizim görme biçimimizdir.

Bu yeni görme ve var olma biçimi yaşamın parçalarını tutarak onlara yer verir. Her anı daha büyük bir dolulukla kendi bütünlüğünde yüceltir. Bilinçli farkındalık pratiği basitçe, karşılıklı bağlantılılığın süregelen keşfidir. Bir noktada bağlantıları bizim kurduğumuzu söylemenin pek doğru olmadığını görebiliriz. Bu daha ziyade her zaman burada olan bir bağlantılılığın bilincine varmak gibidir. Bütünlüğü daha kolay algılayabileceğimiz ve şimdiki anların akışını farkındalıkla kucaklayabileceğimiz bir menzile tırmandık. Nefesin akışı ve şimdiki anların akışı iç içe geçer, bağlanır ve daha büyük bir şey ortaya koyar.

> Biri diğerine karışır, gruplar ekolojik gruplar içinde erir, ta ki yaşam olarak bildiğimiz şey yaşam dışı olarak düşündüğümüz şeyle karşılaşıp onun içine girene kadar: midye ve kaya, kaya ve toprak, toprak ve ağaç, ağaç ve yağmur ve hava.... Ve ne gariptir ki dinsel dediğimiz duyguların ve türümüzün en çok değer verdiği, kullandığı ve arzuladığı tepkilerden biri olan mistik haykırışların çoğu, aslında insanın her şeyle, bilinen ve bilinmeyen tüm gerçeklikle ayrılmaz bir şekilde ilişkili olduğunu anlama ve söyleme girişimidir. Bu söylenmesi kolay bir şeydir ancak bir İsa, bir Aziz Augustine, bir Aziz Francis, bir Roger Bacon, bir Charles Darwin ve bir Einstein yaratmış olan bu derin duygudur. Her biri kendi temposunda ve kendi sesiyle, her şeyin tek bir şey olduğu ve o tek şeyin her şey olduğu bilgisini keşfetmiş ve hayretle yeniden doğrulamıştır. Planktonlar, denizde parıldayan fosforlu bir ışıltı, dönen gezegenler ve genişleyen evren... Hepsi zamanın elastik ipiyle birbirine bağlıdır.
>
> JOHN STEINBECK VE
> EDWARD F. RICKETTS, *Sea of Cortez*

Zarar Vermeme: Ahimsa

Bir arkadaşım Nepal ve Hindistan'da geçirdiği birkaç yılın ardından 1973'te geri döndüğünde kendisi hakkında şunları söylemişti: "Eğer faydalı bir şey yapamayacaksam, en azından mümkün olduğunca az zarar vermek isterim."

Sanırım dikkatli olmazsanız uzak yerlerden her türlü bulaşıcı şeyi getirebilirsiniz. *Ahimsa* fikri bana tam da o anda oturma odamda bulaştı ve bu anı hiç unutmadım. Bunu daha önce de duymuştum. Zarar vermeme tutumu yoga pratiğinin ve Hipokrat Yemini'nin temelinde bulunur. Gandhi'nin devriminin ve kişisel meditasyon pratiğinin altında yatan ilke de budur. Ancak arkadaşımın yorumundaki samimiyet ve bunu söyleyen ile tanıdığımı sandığım kişi arasındaki uyumsuzluk beni etkilemişti. Bu bana dünyayla ve kendimizle ilişki kurmak için iyi bir yol gibi geldi. Neden mümkün olduğunca az zarara ve acıya neden olacak şekilde yaşamaya çalışmayalım? Eğer bu şekilde yaşasaydık, bugün hayatımıza ve düşüncelerimize hâkim olan çılgın şiddet seviyelerine ulaşmış olmazdık. Meditasyon minderinde ve minder dışında kendimize karşı da daha cömert olurduk.

Diğer tüm görüşler gibi zarar vermeme de müthiş bir ilke olabilir ancak önemli olan onu yaşamaktır. *Ahimsa*'nın şefkatini kendinizde ve başkalarıyla olan ilişkilerinizde her an uygulamaya başlayabilirsiniz.

Bazen kendinize karşı sert davrandığınızı ve kendinizi aşağıladığınızı fark ediyor musunuz? O anda *ahimsa*'yı hatırlayın. Farkına varın ve bırakın gitsin.

Başkalarının arkasından konuşuyor musunuz? *Ahimsa.*

Bedeninizi ve sağlığınızı hiçe sayarak sınırlarınızı zorluyor musunuz? *Ahimsa.*

Başkalarına acı veya üzüntü yaşatıyor musunuz? *Ahimsa.*

Size karşı tehdit oluşturmayan biriyle *ahimsa* ile ilişki kurmak kolaydır. Asıl test kendinizi tehdit altında hissettiğinizde bir kişi veya durumla nasıl ilişki kuracağınızdır.

Zarar verme veya incitme isteği nihayetinde korkudan kaynaklanır. Zarar vermemek için kendi korkularınızı görmeniz, onları anlamanız ve sahiplenmeniz gerekir. Onları sahiplenmek, onlar için sorumluluk almak anlamına gelir. Sorumluluk almak, korkunun bakış açınızı ya da görüşünüzü tamamen belirlemesine izin vermemek demektir. Karşılaşılan şey ne kadar acı verici olursa olsun, yalnızca kendi tutunma ve reddetme farkındalığımız ve bu zihin durumlarıyla boğuşmaya olan isteğimiz bizi bu acı çemberinden kurtarabilir. Yüce idealler pratikte günlük olarak somutlaştırılmadığı takdirde kişisel çıkarlara yenik düşme eğilimindedir.

> *Ahimsa* ruhun bir özelliğidir ve bu nedenle hayatın her alanında herkes tarafından uygulanmalıdır. Eğer tüm alanlarda uygulanamıyorsa, pratik bir değeri yoktur.
>
> MAHATMA GANDHI

> Kral V. George'u ya da Sir Winston Churchill'i sevemiyorsanız, eşinizden ya da çocuklarınızdan başlayın. Günün her dakikasında onların iyiliğini ilk sıraya, kendi iyiliğinizi ise son sıraya koymaya çalışın ve sevgi çemberinizin bu noktadan genişlemesine izin verin. Elinizden gelenin en iyisini yapmaya çalıştığınız sürece, başarısızlık söz konusu olamaz.
>
> MAHATMA GANDHI

Karma

Zen ustalarının, günlük meditasyon uygulamasının kötü karmayı iyi karmaya dönüştürebileceğini söylediklerini duymuştum. Bunu her zaman tuhaf bir ahlakçı pazarlama taktiği olarak değerlendirmiştim. Ne demek istediklerini anlamam yıllarımı aldı. Sanırım bu da benim karmam.

Karma bir şey olduğu için diğer şeyin de olduğu anlamına gelir. B bir şekilde A ile bağlantılıdır, her etkinin bir öncül nedeni vardır ve her nedenin, en azından kuantum olmayan düzeyde, ölçüsü ve sonucu olan bir etkisi vardır. Genel olarak bir kişinin karmasından bahsettiğimizde bu; öncül koşulların, eylemlerin, düşüncelerin, duyguların, duyu izlenimlerinin ve arzuların neden olduğu, o kişinin yaşamdaki yönünün ve çevresinde meydana gelen durumların toplamı anlamına gelir. Karma genellikle yanlış bir şekilde sabit bir kader kavramıyla karıştırılır. Bu daha ziyade bizi belirli davranış kalıplarına hapsedebilen ve benzer nitelikte başka eğilimlerin birikmesine yol açan bir eğilimler birikimi gibidir. Dolayısıyla karmamız tarafından hapsedilmek ve sebebin her zaman başka bir yerde yattığını düşünmek kolaydır; sebep başka insanlarda ve kontrolümüz dışındaki koşullardadır, asla kendi içimizde değildir. Ancak eski karmanın tutsağı olmak zorunda değiliz. Karmanızı değiştirmek her zaman mümkündür. Yeni bir karma yaratabilirsiniz. Ancak bunu yapmanız gereken yalnızca tek bir zaman vardır. Bunun ne zaman olabileceğini tahmin edebilir misiniz?

İşte, bilinçli farkındalık karmayı şöyle değiştirir. Oturduğunuzda dürtülerinizin eyleme dönüşmesine izin vermezsiniz. En azından şimdilik onları sadece izlersiniz. Onlara baktığınızda zihindeki tüm dürtülerin ortaya çıktığını ve yok olduğunu, kendilerine ait bir yaşamları olduğunu, bunların siz değil, sadece düşünceler olduğunu ve onlar tarafından yönetilmeniz gerekmediğini çabucak görürsünüz. Dürtüleri beslemeyerek veya onlara tepki vermeyerek, onların sadece düşünce olarak doğalarını anlamaya başlarsınız. Bu süreç aslında yıkıcı dürtüleri konsantrasyon, soğukkanlılık ve eylemsizlik ateşinde yakarak yok eder. Aynı zamanda yaratıcı içgörüler ve yaratıcı dürtüler artık daha çalkantılı ve yıkıcı olanlar tarafından baskılanmamaya başlar. Bunlar algılandıkça ve farkındalıkta tutuldukça beslenirler. Böylece bilinçli farkındalık eylemler ve sonuçlar zincirindeki halkaları yeniden şekillendirebilir ve bunu yaparken bizi zincirlerimizden kurtarır, özgürleştirir ve yaşamımızı oluşturan anlar boyunca bize yeni yönler açar. Bilinçli farkındalık olmadan, kendi hapsolmuşluğumuza dair hiçbir ipucu ve çıkış yolu olmaksızın, geçmişten gelen ivmeye çok kolay bir şekilde takılıp kalırız. Yaşadığımız çıkmaz her zaman diğer kişilerin ya da dünyanın suçuymuş gibi görünür; dolayısıyla kendi görüşlerimiz ve duygularımız her zaman haklı çıkar. Şimdiki an asla yeni bir başlangıç olmaz çünkü biz onu yeni bir başlangıç olmaktan alıkoyarız.

Örneğin tüm yetişkinlik hayatlarını birlikte geçirmiş, çocuk sahibi olmuş, kendi alanlarında genellikle ulaşılamayacak derecede başarıyı tatmış iki insanın ilerleyen yaşlarında, her şekilde emeklerinin meyvelerinin tadını çıkarmaları gerekirken; birbirlerini izole olmakla, kötü bir hayata hapsolmuş olmakla, hayatı katlanılamaz kılmakla suçlaması ve nefreti ve incinmeyi her günün doğal bir parçası haline getirmesi nasıl açıklanabilir? Karma. Şu ya da bu şekilde bozulan ya da en başından beri temel bir unsurun eksik olduğu ilişkilerde bunu tekrar tekrar görürsünüz. Bu eksiklik üzüntü, acı ve incinmeyi yaratır. Büyük olasılıkla er geç ektiğimizi biçeriz. Bir ilişkiye kırk yıl boyunca öfke ve yalnızlık katarsanız, sonunda öfke ve yalnızlığa hapsolursunuz. Bunda şaşılacak bir şey yoktur. Ve burada suçu paylaşmak da pek tatmin edici değildir.

Nihayetinde bizi hapseden şey, bilinçli farkındalığa sahip olmamaktır. İmkânlarımızın tamamıyla temas halinde olamama konusunda gittikçe daha başarılı oluyoruz ve bir ömür boyu geliştirdiğimiz anlamadan sadece tepki verme ve suçlama alışkanlıklarımıza daha fazla saplanıp kalıyoruz.

Cezaevlerinde çalışırken "kötü" karmanın sonuçlarını yakından görebiliyorum ancak cezaevi duvarlarının dışında da durum pek farklı değil. Her mahkûmun, bir olayın diğerine yol açtığına dair bir hikâyesi var. Ne de olsa hikâyeler bu şekilde işler. Bir şey diğerine yol açar. Pek çoğu başlarına ne geldiğini, neyin yanlış gittiğini pek anlamaz. Bu genellikle ebeveynler ve aile ile başlayan uzun bir olaylar zinciridir: sokak kültürü, yoksulluk ve şiddet, güvenmemeniz gereken insanlara güvenme, kolay para kazanma isteği, alkol ve zihni ve bedeni bulandıran diğer kimyasallarla acıyı yatıştırma ve duyuları köreltme. Uyuşturucular bunu yapar ancak tarih, yoksunluk ve gelişimin durması da bunu yapar. Düşünceleri ve duyguları, eylemleri ve değerleri çarpıtır; incitici, zalim, yıkıcı ve kendine zarar veren dürtüleri veya istekleri düzeltmek veya hatta bunları fark etmek için pek fazla olanak bırakmazlar.

Ve bu şekilde diğer tüm anlara doğru ilerleyen bir anda farkında olmadan "aklınızı kaybedebilir", geri dönüşü olmayan bir eylemde bulunabilir ve ardından bunun gelecek anları şekillendirdiğini görebilirsiniz. Farkında olsak da olmasak da polis tarafından "yakalansak" da yakalanmasak da her şeyin bir bedeli vardır. Her zaman yakalanırız. Karma tarafından yakalanırız. Her gün kendi hapishanelerimizi inşa ediyoruz. Hapishanedeki arkadaşlarım bilseler de bilmeseler de bir bakıma seçimlerini yaptılar. Başka bir açıdan bakıldığında ise seçimleri yoktu. Seçeneklerin mevcut olduğunu hiç bilmiyorlardı. Bir kez daha Budistlerin "cehalet" ya da bilinçsizlik dedikleri şeyle karşılaşıyoruz. Bu sorgulanmamış dürtülerin, özellikle de açgözlülük veya nefretle şekillenmiş olanların ne kadar haklı, rasyonel veya yasal olursa olsun kişinin zihnini ve yaşamını nasıl çarpıtabileceğini gösteren bir cehalettir. Bu tür zihin durumları, bazen büyük ve çarpıcı şekillerde olsa da çoğu zaman daha belirsiz şekillerde hepimizi etkiler. Hepimiz bitmek bilmeyen istekler ve gerçekmiş gibi sarıldığımız fikir ve görüşlerle bulanıklaşmış zihnimiz tarafından hapsedilebiliriz.

Karmamızı değiştirmeyi umuyorsak zihnimizi ve bedenimizi bulandırarak her eylemimizi şekillendiren olayları gerçekleştirmeyi bırakmamız gerekir. Bu iyi eylemlerde bulunmak anlamına gelmez. Bu kim olduğunuzu ve şu anda ne olursa olsun, karmanın kim olduğunuzu belirlemediğini bilmek anlamına gelir. Kendinizi olayların gerçekte oldukları şekliyle uyumlu hale getirmek anlamına gelir. Bu net bir şekilde görmek anlamına gelir.

Peki, nereden başlamak gerekir? Neden kendi zihninizden başlamıyorsunuz? Ne de olsa zihniniz tüm düşünce ve duygularınızın, dürtü ve algılarınızın dünyadaki eylemlere dönüştürüldüğü araçtır. Dışarıdaki faaliyeti bir süreliğine durdurduğunuzda ve tam orada, o anda, oturma kararıyla hareketsiz kalma pratiği yaptığınızda zaten eski karmanın akışını kırıyor ve tamamen yeni ve daha sağlıklı bir karma yaratıyorsunuz demektir. Değişimin kökü, yaşanmış bir hayatın dönüm noktası burada yatar.

Durma, eylemsizlik anlarını besleme ve sadece izleme eylemleri sizi geleceğe karşı tamamen farklı bir zemine yerleştirir. Peki, nasıl? Çünkü yalnızca şimdiki anda tam olarak bulunduğunuzda gelecekte daha büyük bir anlayışın, netliğin ve nezaketin olduğu bir an yaratabilirsiniz. Şimdi olan daha sonra da olur. Eğer bilinçli farkındalık, soğukkanlılık ya da şefkat şu anda, yani temas kurmak ve kendimizi beslemek için sahip olduğumuz tek zamanda bulunmuyorsa daha sonra stres ya da baskı altındayken sihirli bir şekilde ortaya çıkmaları ne kadar mümkündür?

Ruhun vecd ile birleşeceği fikri
sırf beden çürüdü diye —
hayalden ibarettir.
Şu anda olan şey o zaman da olur.

KABİR

Bütünlük ve Birlik

Bütün olma haliyle temas içinde olduğumuzda, kendimizi her şeyle bir hissederiz. Her şeyle bir olduğumuzu hissettiğimizde, kendimizi de bütün hissederiz.

Hareketsiz otururken veya hareketsiz yatarken her an bedenimizle yeniden bağlantı kurabilir, bedeni aşabilir, nefesle, evrenle birleşebilir, kendimizi bir bütün olarak deneyimleyebilir ve giderek daha büyük bütünlere dâhil olabiliriz. Karşılıklı bağlantılılığı tatmak derin bir aidiyet bilgisi, her şeyin ayrılmaz bir parçası olma hissi, nerede olursak olalım evde olma duygusu yaratır. Doğumun ve ölümün ötesinde olan kadim zamansızlığı tadabilir ve buna hayranlık duyabilir, aynı zamanda bu hayattan geçerken onun kısalığını, bedenimizle, bu anla ve birbirimizle olan bağlarımızın geçiciliğini deneyimleyebiliriz. Meditasyon pratiğinde bütün olduğumuzu doğrudan bildiğimizde her şeyi olduğu gibi kabul ettiğimizi, anlayışın ve şefkatin derinleştiğini, ıstırabın ve umutsuzluğun azaldığını görebiliriz.

Bütünlük; dilimizde ve kültürümüzde sağlık, şifa ve kutsal kelimelerinin ifade ettiği her şeyin kökenidir. İçsel bütünlüğümüzü algıladığımızda gerçekten de gitmemiz gereken bir yer veya yapmamız gereken bir şey kalmaz. Bu sayede kendimize bir yol seçmekte özgür oluruz. Dinginlik eylemde ve eylemsizlikte ulaşılabilir hale gelir. Onu her zaman içimizde buluruz ve biz ona dokundukça, onu tattıkça, onu dinledikçe, beden de ona dokunmaktan, onu tatmaktan, onu dinlemekten başka bir şey yapamaz. Zihin de bu dinlemeye katılır ve en azından bir an için huzur bulur. Açık ve duyarlı bir şekilde tam bu anda dengeyi ve uyumu buluruz. Tüm uzay bu yere, tüm anlar bu ana dönüşür.

> Sıradan insanlar yalnızlıktan nefret eder.
> Ama Üstat bundan yararlanır,
> yalnızlığını kucaklayarak, farkına vararak
> tüm evrenle bir olur
>
> LAO-TZU, *Tao-te-Ching*

İnsan evrenle bir olduğunu fark ettiğinde
huzur insanın ruhuna gelir.

BLACK ELK

Siddhartha dinledi. Artık dikkatle dinliyordu; tamamen kendini kaptırmış, tamamen boşalmış bir halde, her şeyi içine çekerek dinliyordu. Artık dinleme sanatını tamamen öğrendiğini hissediyordu. Tüm bunları, nehirdeki tüm bu sayısız sesi daha önce de sıklıkla duymuştu ama bugün sesler farklı geliyordu. Artık farklı sesleri ayırt edemiyordu; neşeli sesi ağlama sesinden, çocuksu sesi erkeksi sesten ayıramıyordu. Hepsi birbirine aitti: özlem çekenlerin ağıtları, bilgelerin kahkahaları, öfkenin çığlıkları ve ölenlerin iniltileri. Hepsi iç içe geçmiş, birbirine kenetlenmiş, binbir şekilde birbirine karışmıştı. Ve tüm sesler, tüm amaçlar, tüm zevkler, tüm iyilikler ve kötülükler hepsi bir bütün olarak dünyaydı. Hepsi birleştiğinde olayların akışı, yaşamın müziği haline geliyorlardı. Siddhartha bu nehri, binlerce sesten oluşan bu şarkıyı dikkatle dinlediğinde, üzüntüye ya da kahkahaya kulak vermediğinde, ruhunu belirli bir sese bağlamadığında ve onu benliğinde özümsemediğinde, bunun yerine hepsini, bütünü, birliği duyduğunda o zaman binlerce sesten oluşan büyük şarkı tek bir sözcükten ibaret hale geliyordu.

HERMANN HESSE, *Siddhartha*

İhtiyaç duyduğumuz şey bütünlüğün anlamını yeniden öğrenmek, gözlemlemek ve bunu kendimiz için keşfetmektir.

DAVID BOHM, *Wholeness and the Implicate Order*

Ben genişim; çoklukları barındırıyorum.

WALT WHITMAN, *Leaves of Grass*

Herbirlik ve Öylelik

İlk elden deneyimlenen bütünlük; çeşitliliğinde sonsuz olduğu, her bir parçaya yansıdığı ve her bir parçaya gömülü olarak bulunduğu için acımasız olamaz. Bu tıpkı Hindu tanrıçası İndra'nın evrenin sembolü olan ağı gibidir. Bu ağın tüm köşelerinde mücevherler bulunur, her biri tüm ağı yansıtır ve böylece bütünü kapsar. Kimileri birlik sunağında tekdüze bir şekilde ibadet etmemizi ister. Birlik fikrini onunla sürekli bir karşılaşma yerine, tüm farklılıkları ortadan kaldırmak için kullanırlar. Ancak tüm şiir ve sanat, bilim ve yaşam, mucize, zarafet ve zenginlik, bunların eşsiz niteliklerinde, kendilerine özgü bireyselliklerinde ve özelliklerinde, herbirliklerinde ve öyleliklerinde yatar.

Tüm yüzler birbirine benzer ancak her birinde benzersizliği, bireyselliği, kişiliği ne kadar da kolay görürüz. Bu farklılıklara ne kadar çok değer veririz. Okyanus bir bütündür ama her biri diğerlerinden farklı olan sayısız dalgayı barındırır; her biri benzersiz olan ve sürekli değişen akıntıları vardır; dibi başlı başına bir manzaradır, her yerde farklıdır; kıyı şeridi de öyledir. Atmosfer bir bütündür ancak akımları sadece rüzgâr olmalarına rağmen benzersiz özelliklere sahiptir. Yeryüzündeki yaşam bir bütündür ancak kendisini mikroskobik ya da gözle görülür, bitki ya da hayvan, soyu tükenmiş ya da yaşayan zamana bağlı benzersiz bedenlerde ifade eder. Dolayısıyla var olunacak tek bir yer olamaz. Var olmanın, pratik yapmanın, öğrenmenin, sevmenin, gelişmenin ya da iyileşmenin, yaşamanın, hissetmenin, bilmenin ya da bilinmenin tek bir yolu olamaz. Ayrıntılar önemlidir.

Baştankara

Baştankara
Yanıma kondu.

THOREAU

Turp toplayan adam
yolu gösterdi
bir turpla.

ISSA

Eski gölet,
kurbağa içine atlar —
Su sıçrar.

BASHO

Gece yarısı. Dalga yok,
rüzgâr yok, boş tekne
ay ışığı ile doluyor.

DOGEN

Anladınız mı?

Nedir Bu?

Sorgulama bilinci, bilinçli farkındalıkla yaşamanın temelidir. Sorgulamak, sadece sorunları çözmenin bir yolu değildir. Yaşamın temel gizemiyle ve buradaki varlığımızla temas halinde kaldığımızdan emin olmanın bir yoludur. Ben kimim? Nereye gidiyorum? Var olmak ne anlama geliyor? Erkek, kadın, çocuk, ebeveyn, öğrenci, işçi, patron, mahkûm, evsiz biri olmak ne anlama geliyor? Benim karmam nedir? Ben şimdi neredeyim? Benim yolum nedir? Gezegendeki asıl görevim nedir?

Sorgulamak; cevap aramak ve özellikle de yüzeysel düşünceden kaynaklanan hızlı cevaplar aramak anlamına gelmez. Bu cevap beklemeden sormak, sadece soruyu düşünmek, meraklanmak, merakın süzülmesine, kabarmasına, pişmesine, olgunlaşmasına, her şey gibi bunun da farkındalığa girip çıkmasına izin vermek anlamına gelir.

Sorgulamak için hareketsiz olmanız gerekmez. Sorgulama ve bilinçli farkındalık günlük yaşamınızın ilerleyişinde eşzamanlı olarak gerçekleşebilir. Aslında sorgulama ve bilinçli farkındalık tek ve aynı şeydir, farklı yönlerden gelir. Bir arabayı tamir ederken, işe yürürken, bulaşıkları yıkarken, yıldızlı bir bahar akşamında kızınızın şarkı söylemesini dinlerken veya iş ararken "Ben kimim?", "Bu nedir?", "Nereye gidiyorum?", "Benim işim ne?" diye düşünebilirsiniz.

Hayatta her zaman farklı biçim ve boyutlarda sorunlar ortaya çıkar. Bunlar önemsizden, önemliye ve ezici olana kadar çeşitlilik gösterir. Zorluk, bunları bilinçli farkındalık ruhuyla sorgulayarak karşılamaktır. Bu "Bu düşünce, bu his, bu ikilem nedir?", "Bununla nasıl başa çıkacağım?", "Bununla başa çıkmaya, hatta bunu kabul etmeye istekli miyim?" diye sormak anlamına gelir.

İlk adım bir sorun olduğunu kabul etmektir. Bu da ortada bir tür gerginlik veya gerilim ya da uyumsuzluk olduğu anlamına gelir. Taşıdığımız bazı kötü parçalarımızı kabul etmeye yaklaşmamız bile kırk, elli yılımızı alabilir. Ama belki bu da sorun değildir. Sorgulamanın bağlı kalması gereken bir zaman çizelgesi yoktur. Bu, rafınızda duran bir tencere gibidir. Siz onu indirmeye, içine bir şey koymaya ve ocakta ısıtmaya hazır olduğunuzda o da yemek pişirmeye hazırdır.

Sorgulamak, tekrar tekrar soru sormak demektir. Bir şeye, o şey her neyse, bakma ve bunun ne olduğunu sorgulama cesaretimiz var mı? Peki neler olduğunu? Bu uzun bir süre boyunca derinlemesine bakmayı ve sorgulamayı içerir. Bu nedir? Yanlış olan ne? Sorunun özünde ne var? Kanıt nedir? Bağlantılar nelerdir? İyi bir çözüm nasıl olurdu? Sorgulama, sorgulama, sürekli sorgulama…

Sorgulamak, cevap gibi görünen birçok düşünce üretecek olsa da bu, cevaplar hakkında düşünmek değildir. Aslında bu, sorgulama eyleminin uyandırdığı düşünceyi sanki kendi düşüncelerinizin aktığı derenin kenarında oturuyormuşsunuz, suyun kayaların üzerinden akışını dinliyormuşsunuz ve arada sırada bir yaprağın ya da dalın sürüklenişini izliyormuşsunuz gibi dinlemeyi içerir.

Benlikleştirme

Bir insanın gerçek değeri, esas olarak benliğinden ne ölçüde ve ne anlamda özgürleştiğine göre belirlenir.

ALBERT EINSTEIN, *The World As I See It*

"Ben", "kendim" ve "benim" kelimeleri düşüncemizin ürünleridir. Cambridge Insight Meditation Center'dan arkadaşım Larry Rosenberg buna "benlikleştirme" (selfing) der ve bu terim; neredeyse her şeyden ve her durumdan bir "ben", "kendim" ve "benim" inşa etme ve ardından genel olarak fantezilerden ve savunmalardan oluşan bu sınırlı bakış açısıyla dünyada faaliyet gösterme yönündeki kaçınılmaz ve iflah olmaz eğilimi anlatır. Bunun olmadığı neredeyse bir an bile yoktur ancak bu dünyamızın yapısının o kadar büyük bir parçasıdır ki tıpkı balığın su hakkında hiçbir bilgiye sahip olmaması gibi fark edilmeden geçip gider. İster sessizlik içinde meditasyon yapıyor ister hayatınızdan sadece beş dakikalık bir kesiti yaşıyor olun, bunu kendiniz de kolayca görebilirsiniz. Düşünen zihnimiz neredeyse her andan ve deneyimden "benim" anımı, "benim" deneyimimi, "benim" çocuğumu, "benim" açlığımı, "benim" arzumu, "benim" fikrimi, "benim" yolumu, "benim" otoritemi, "benim" geleceğimi, "benim" bilgimi, "benim" bedenimi, "benim" zihnimi, "benim" evimi, "benim" arazimi, "benim" düşüncemi, "benim" duygularımı, "benim" arabamı, "benim" sorunumu inşa eder.

Bu benlikleştirme sürecini sürekli dikkatle ve sorgulayarak gözlemlerseniz "benlik" dediğimiz şeyin aslında kendi zihnimizin bir kurgusu olduğunu ve pek de kalıcı olmadığını göreceksiniz. Sabit, bölünmez bir benliği ve deneyimlerinizin altında yatan "sizi" bulmak için derinlemesine bir arayışa girerseniz onu sadece daha fazla düşünmekte bulursunuz. İsminizin siz olduğunuzu söyleyebilirsiniz ancak bu pek doğru değildir. İsminiz sadece bir etikettir. Aynı şey yaşınız, cinsiyetiniz, fikirleriniz ve benzerleri için de geçerlidir. Hiçbiri sizin kim olduğunuzun temelini oluşturmaz.

Bu şekilde kim olduğunuzu ya da ne olduğunuzu olabildiğince derinlemesine sorguladığınızda, inebileceğiniz sağlam bir yer olmadığını fark edeceğinizden emin olabilirsiniz. "Ben kimim diye soran ben kim?" diye sorarsanız sonucunda "Bilmiyorum," yanıtını alırsınız. "Ben" sadece nitelikleriyle tanınan bir yapı olarak ortaya çıkar, bunların hiçbiri tek başına veya birlikte ele alındığında kişinin bütününü oluşturmaz. Dahası "Ben" yapısı sürekli olarak, neredeyse anbean kendi kendini çözme ve yeniden inşa etme eğilimindedir. Ayrıca başlangıçta varlığı çok zayıf olduğu için kendisini küçülmüş, önemsiz, güvensiz ve belirsiz hissetmeye yönelik güçlü bir eğilimi vardır. Bu da "ben", "kendim" ve "benim" kavramlarına ne kadar takılıp kaldığımızın farkında olmamaktan kaynaklanan zulmü ve acıyı çok daha kötü hale getirir.

Bir de işin içinde dış güçler sorunu vardır. "Ben", dışsal koşullar kendi iyiliğine olan inancını desteklediğinde kendini iyi hissetme eğilimindedir. Eleştiri, zorluklar, engeller ve yenilgiler olarak algıladığı şeylerle karşılaştığında ise kendini kötü hisseder. Pek çok insanda özsaygının azalmasının sebeplerine dair önemli bir açıklama belki de burada yatmaktadır. Kimlik sürecimizin bu inşa halindeki yönüne pek aşina değiliz. Bu da onaylanma ya da kendimizi önemli hissetme ihtiyacımız desteklenip pekiştirilmediğinde dengemizi kaybetmemizi ve kendimizi savunmasız ve önemsiz hissetmemizi kolaylaştırır. Sürekli olarak dışarıdan gelen ödüller, maddi varlıklar ve bizi seven başkaları aracılığıyla içsel istikrar arayışına girmemiz muhtemeldir. Benlik yapımızı bu şekilde devam ettiririz. Yine de tüm bu kendi kendini üreten faaliyete rağmen kişinin kendi varlığında kalıcı bir istikrar hissi veya zihninde dinginlik olmayabilir. Budistler bunun zaten mutlak ayrı bir "benlik" olmamasından ve devam eden kendini inşa etme veya "benlik oluşturma" sürecinden kaynaklandığını söyleyebilir. Kendini inşa etme sürecinin kökleşmiş bir alışkanlık olduğunu fark edip kendimize izin verebilsek, "biri" olmak için bu kadar çabalamayı bırakıp sadece var olmayı deneyimlesek, belki de çok daha mutlu ve rahat olurduk.

Ayrıca bu, meditasyon pratiğinin büyük New Age çarpıtmalarından biri olan "hiç kimse haline gelmeden önce biri olmanız gerektiği" anlamına da gelmez. Bununla kastedilen "benliksizliğin" boşluğunu keşfetmeden önce sağlam bir benlik duygusuna sahip olmanız gerektiğidir. Benliksizlik hiç kimse olmak anlamına gelmez. Bunun anlamı her şeyin birbirine bağlı olduğu ve yalıtılmış, bağımsız bir öz "siz" olmadığıdır. Siz sadece ebeveynleriniz, çocukluğunuz, düşünceleriniz ve duygularınız, dışarıdaki olaylar, zaman ve bunun gibi şeyler dâhil olmak üzere dünyadaki tüm diğer güçler ve olaylarla ilişki içinde olduğunuzda sizsiniz. Dahası, ne olursa olsun, siz zaten birisiniz. Siz zaten olduğunuz kişisiniz. Ama olduğunuz kişi adınız, yaşınız, çocukluğunuz, inançlarınız, korkularınız değildir. Bunlar onun bir parçasıdır ama bütününü oluşturmaz.

Dolayısıyla "biri" olmak için çok fazla çabalamayıp, doğrudan var olmayı deneyimlemekten bahsettiğimizde bunun anlamı şu anda olduğunuz noktadan başlamanız ve burada çalışmanızdır. Meditasyon gerçek dünyada yaşamaktan ve gerçek sorunlarla yüzleşmekten aciz bir hiç kimse ya da düşünceli bir zombi olmaya çalışmak değildir. Kendi düşünce süreçlerimizin çarpıtmaları olmaksızın her şeyi olduğu gibi görmekle ilgilidir. Bunun bir parçası da her şeyin birbirine bağlı olduğunu ve geleneksel bir benliğe "sahip olma" duygumuzun pek çok açıdan faydalı olsa da kesinlikle gerçek, sağlam veya kalıcı olmadığını algılamaktır. Dolayısıyla kendinizi yetersiz olduğunuz korkusuyla olduğunuzdan daha fazlası haline getirmeye çalışmayı bırakırsanız, gerçekten kim olursanız olun çok daha hafif ve mutlu olacaksınız ve sizinle birlikte yaşamak da daha kolay olacak.

Olayları biraz daha az kişiselleştirerek başlayabiliriz. Bir şey olduğunda, bunu sırf eğlence için kendinize odaklanmadan görmeye çalışın. Belki de bu sadece olmuştur. Belki de size yönelik değildir. Böyle zamanlarda zihninizi izleyin. Bu "Ben" şöyleyim "ben" böyleyim durumuna mı dönüşüyor? Kendinize "Ben kimim?" ya da "Sahiplik iddiasında bulunan bu 'ben' nedir?" diye sorun.

Farkındalığın kendisi benliği dengelemeye ve etkisini azaltmaya yardımcı olabilir. Benliğin gelip geçici olduğunu da fark edin. Kendinizle ilgili tutunmaya çalıştığınız her şey sizden kaçar. Tutunamazsınız çünkü o anın koşullarına bağlı olarak sürekli değişmekte, çürümekte ve her zaman biraz daha farklı bir şekilde yeniden inşa edilmektedir. Bu da benlik duygusunu kaos teorisinde "garip çekici" olarak adlandırılan, düzen içeren ama aynı zamanda tahmin edilemeyecek kadar düzensiz bir örüntü haline getirir. Asla kendini tekrarlamaz. Ne zaman baksanız, biraz farklıdır.

Somut, kalıcı, değişmeyen bir benliğin ele avuca sığmaz doğası oldukça umut verici bir gözlemdir. Bu kendinizi bu kadar ciddiye almayı bırakabileceğiniz ve kişisel yaşamınızın ayrıntılarının evrenin işleyişinin merkezinde olduğu baskısından kurtulabileceğiniz anlamına gelir. Benlikleştirme dürtülerinin farkına vararak ve bunları bırakarak, evrene bir şeylerin gerçekleşmesi için biraz daha yer açmış oluruz. Evrenle iç içe olduğumuz ve onun ortaya çıkışına katıldığımız için evren bizim çok fazla benmerkezci, kendine düşkün, kendini eleştiren, kendine güvensiz, kaygılı faaliyetimiz karşısında duraksayacak ve kendine odaklı düşünme biçimimizin hayal dünyasının fazlasıyla gerçek görünmesini ve hissedilmesini sağlayacaktır.

Öfke

Bir pazar sabahı erken saatlerde arkadaşının evinde arabadan inerken kızım Naushon'un 11 yaşındaki yüzüne yerleşmiş olan mutlak çaresizlik ve sinirlenmeme dair sessiz yalvarış ifadesi farkındalığıma nüfuz ediyor ancak içimde yükseldiğini gördüğü ve olay çıkarıp onu utandıracağından korktuğu kızgınlığımı ve öfkemi dizginlemeye yetmiyor. Şu anda tamamen durduramayacağım ancak daha sonra keşke durdursaydım diyeceğim büyüklükte bir ivme hissediyorum. Keşke o anda bakışının beni durdurmasına, bana dokunmasına, beni gerçekten önemli olanı görmeye yöneltmesine izin verseydim; yani ona ihanet edeceğimden ya da gelişmekte olan sosyal duyarlılığını aşağılayacağımdan korkmak yerine bana güvenebileceğini hissetmesine izin verseydim. Ancak bu anda, belirli bir zamanda hazır olması gerekirken olmayan arkadaşı tarafından manipüle edildiğim için kızımın buradaki sorununu tam olarak anlayamayacak kadar kızgınım.

Kendimi haklı gören bir öfke girdabına kapılmış durumdayım. Benim "ben'im" bekletilmek, sömürülmek istemiyor. Olay çıkarmayacağıma dair ona güvence veriyorum ama aynı zamanda kendimi kullanılmış hissettiğim için şu anda bu konuda iletişime geçmek istediğimi de söylüyorum. Sabahın erken saatlerinde uykulu annesine kızgınlıkla karışık sorular soruyorum sonra da oldukça kısa bir süre içten içe öfkelenerek bekliyorum.

Sonra konu kapandı. Ama benim hafızamda kapanmadı; kızımın yüzündeki o bakışı hâlâ hatırlıyorum ve umarım hep hatırlarım. Bakışının anlamını hemen kavrayabilecek kadar anda olsaydım, öfkem o anda dinerdi.

"Haklı olmak" gibi dar bir görüşe bağlı kalmanın bir bedeli vardır. Onun güveni benim için benim geçici ruh halimden çok daha önemli. Ama yine de o anda onun güveni sarsıldı. Dikkat ve farkındalık olmadan, dar görüşlü duygu durumları ana hükmedebilir. Bu her zaman olur. Başkalarına ve kendimize yaşattığımız kolektif acı ruhumuzu kanatır. İtiraf etmek bizim için ne kadar zor olsa da özellikle kendimizle ilgili olarak, kendi kendimize duyduğumuz öfke çok sık izin verdiğimiz ve teslim olduğumuz bir şey olabilir.

Kedi Maması Dersi

Mutfak lavabosunda bizimkilerle birlikte kedilerin bulaşıklarını bulmaktan nefret ediyorum. Bunun beni neden bu kadar etkilediğinden emin değilim ama etkiliyor. Belki de çocukluğumda bir evcil hayvanım olmamasından kaynaklanıyordur. Ya da belki de bunun sağlıksal bir tehdit olduğunu düşünüyorum (bilirsiniz, virüsler). Kedilerin kaplarını temizleyeceğim zaman önce lavabodaki tüm bulaşıkları temizliyorum, sonra onlarınkini yıkıyorum. Her neyse, lavaboda kirli kedi bulaşıkları bulduğumda bundan hoşlanmıyorum ve hemen tepki veriyorum.

Önce sinirleniyorum. Sonra öfke daha kişisel bir hal alıyor ve suçlunun kim olduğunu düşünüyorsam, ona yöneliyorum ki bu genellikle eşim Myla oluyor. Duygularıma saygı göstermediği için incinmiş hissediyorum. Ona sayısız kez bundan hoşlanmadığımı, bunun beni iğrendirdiğini söyledim. Kibarca yapmamasını rica ettim ama o yine de bunu sık sık yapıyor. Saçma ve takıntılı davrandığımı düşünüyor ve zaman sıkıntısı çektiğinde, pis mama kaplarını lavaboda bekletiyor.

Lavaboda kedi maması bulduğum anlar, genellikle kızgın ve incinmiş hissettiğim ve her şeyden önce "kendi" kızgınlığım ve "kendi" incinmişliğimde haklı olduğumu bildiğim için hızla hararetli bir tartışmaya dönüşebiliyor. Kedi maması lavaboda olmamalı! Olduğu zaman benim açımdan benlikleştirme duygusu oldukça güçlü olabiliyor.

Son zamanlarda bu konuda o kadar da sinirlenmediğimi fark ettim. Bununla başa çıkma şeklimi spesifik olarak değiştirmeye çalışmadım. Kedi maması konusunda hâlâ aynı şeyleri hissediyorum ama bir şekilde her şeyi daha farklı görüyorum, buna daha büyük bir farkındalıkla ve çok daha fazla mizah anlayışıyla yaklaşabiliyorum. Öncelikle bu olay gerçekleştiğinde (ki hâlâ can sıkıcı bir sıklıkta gerçekleşiyor) o anda verdiğim tepkinin farkında oluyorum ve buna bakıyorum. "İşte bu kadar," diye kendime hatırlatıyorum!

İçimde yükselmeye başlayan öfkeyi gözlemliyorum. Bunun ardında hafif bir tiksinti hissi olduğu ortaya çıkıyor. Sonra o kadar da hafif olmayan bir ihanet duygusunun kıpırdanışlarını fark ediyorum. Ailemden biri isteğime saygı göstermedi ve ben bunu çok kişisel algılıyorum. Ne de olsa aile içinde benim duygularım da önemli, değil mi?

Mutfak lavabosunda verdiğim tepkileri, harekete geçmeden izlemeyi deniyorum. Başlangıçtaki tiksinti hissinin o kadar da kötü olmadığını ve eğer onunla kalır, onunla nefes alır ve sadece onu hissetmek için kendime izni verirsem aslında bir iki saniye içinde geçtiğini söyleyebilirim. Ayrıca beni kedi mamasının kendisinden çok ihanete uğramışlık, isteklerimin engellenmiş olması duygusunun kızdırdığını fark ettim. Böylece öfkemin asıl kaynağının kedi mamasının kendisi olmadığını keşfettim. Asıl mesele dinlenildiğimi ve saygı gördüğümü hissetmemem. Bu kedi mamasından çok farklı. İşte bu!

Sonra eşimin ve çocuklarımın tüm bu olanları çok farklı gördüğünü hatırlıyorum. Önemsiz bir şeyi büyük bir mesele haline getirdiğimi düşünüyorlar ve onlara makul geldiğinde isteklerime saygı duymaya çalışsalar da bazı zamanlarda bu böyle olmuyor ve belki de beni hesaba katmadan bunu yapıyorlar.

Bu yüzden bunu kişisel algılamayı bıraktım. Lavaboda gerçekten kedi maması istemediğimde kolları sıvıyorum ve o anda bulaşıkları temizliyorum. Bazen de onları orada bırakıp gidiyorum. Artık bu konuda kavga etmiyoruz. Hatta artık lavaboda rahatsız edici nesnelerle karşılaştığımda kendimi gülümserken buluyorum. Ne de olsa bana çok şey öğrettiler.

DENEYİN: Sizi kızdıran ya da sinirlendiren durumlarda tepkilerinizi izleyin. Sizi "öfkelendiren" bir şeyden bahsetmenin bile gücünüzü nasıl başkalarına teslim ettiğine dikkat edin. Bu tür durumlar bilinçli farkındalık deneyi yapmak amacıyla tüm duygularınızı içine koyup bunlarla kalabileceğiniz, yavaşça pişmelerine izin verebileceğiniz, kendinize bunlarla hemen bir şey yapmak zorunda olmadığınızı, sadece bunları içinde tutarak daha pişmiş, daha kolay sindirilebilir ve anlaşılabilir hale geleceklerini hatırlatabileceğiniz bir bilinçli farkındalık tenceresi olarak kullanmak için iyi fırsatlardır.

Duygularınızın; zihninizin olaylara bakışının bir ürünü olduğunu ve belki de bu bakışın eksik olabileceğini gözlemleyin. Kendinizi haklı ya da haksız çıkarmadan bu durumun normal olmasına izin verebilir misiniz? Dışarıya yansıtmak ve dünyayı şu anda olmasını istediğiniz gibi olmaya zorlamak yerine, daha güçlü duyguları tencereye koymayı ve sadece onları tencerede tutup pişmelerine izin vermeyi deneyecek kadar sabırlı ve cesur olabilir misiniz? Bu pratiğin kendinizi yeni şekillerde tanımanızı ve eskimiş, yıpranmış, sınırlayıcı görüşlerinizden kurtulmanızı sağlayacağını görebiliyor musunuz?

Bir Pratik Olarak Ebeveynlik

Meditasyona yirmili yaşlarımın başındayken başladım. O günlerde zaman açısından esnektim ve düzenli olarak on gün veya iki hafta süren meditasyon inzivalarına katılabiliyordum. Bu inzivalar katılımcıların her günü sabahın erken saatlerinden gecenin geç saatlerine kadar sadece dikkatli bir şekilde oturmaya ve yürümeye ayırabilecekleri şekilde tasarlanmıştı, araya birkaç doyurucu vejetaryen yemek de eklenmişti. Hepsi de sessizlik içinde yapılıyordu. Bu içsel çalışmada, pratiğimizi derinleştirmemize ve genişletmemize yardımcı olmak için akşamları ilham verici konuşmalar yapan ve nasıl gittiğimizi kontrol etmek amacıyla sık sık bireysel görüşmeler için bizimle bir araya gelen mükemmel meditasyon öğretmenleri tarafından desteklendik.

Hayatımdaki diğer her şeyi askıya almamı, kırsaldaki hoş ve huzurlu bir yere gitmemi, benimle ilgilenilmesini ve tek gerçek gündemin sürekli pratik yapmak olduğu son derece basitleştirilmiş bir tefekkür hayatı yaşamamı sağladıkları için bu inzivaları çok seviyordum.

Bunun kolay olduğunu söyleyemem. Saatlerce hareketsiz oturmaktan dolayı çoğu zaman çok fazla fiziksel acı çekiyordum ve bu zihin ve beden daha hareketsiz ve daha az meşgul hale geldikçe bazen ortaya çıkan duygusal acıyla karşılaştırıldığında hiçbir şey değildi.

Eşimle çocuk sahibi olmaya karar verdiğimizde en azından bir süreliğine inzivaları bırakmak zorunda kalacağımı biliyordum. Kendi kendime çocuklarım bana her zaman ihtiyaç duymayacak kadar büyüdüklerinde istediğim zaman bu tefekkür ortamına geri dönebileceğimi söyledim. Manastır hayatına yaşlı bir adam olarak dönme hayalinin romantik bir yanı da vardı. Bu inzivaları bırakma ya da en azından çok azaltma ihtimali beni çok fazla rahatsız etmedi zira onlara ne kadar değer versem de çocuk sahibi olmayı başlı başına bir meditasyon inzivası olarak görmenin bir yolu olduğuna karar vermiştim; sessizlik ve sadelik dışında, bıraktığım inzivaların önemli özelliklerinin çoğuna sahip olacak bir inzivaydı bu.

Düşüncem şu şekildeydi: Her bebeği küçük bir Buda ya da Zen ustası, kendi özel bilinçli farkındalık öğretmeniniz olarak görebilirdiniz. Bu öğretmen hayatınıza paraşütle inecek, varlığı ve eylemleri her tuşa basarak sahip olduğunuz her inanca ve sınıra meydan okuyacak, size bir şeye nasıl bağlandığınızı görmeniz ve onu bırakmanız için sürekli fırsatlar sunacaktı. Her çocuk için bu en az on sekiz yıllık bir inziva olacaktı. İnziva programı acımasız olacak ve sürekli özverili olmayı ve sevgi dolu nezaket eylemlerini gerektirecekti. O zamana kadar temelde kendi kişisel ihtiyaçlarım ve arzularımla ilgilenmekten ibaret olan ve genç ve bekâr bir insan için son derece normal olan hayatım derinden değişmek üzereydi. Ebeveyn olmak yetişkin hayatımın şimdiye kadarki en büyük dönüşümü olacaktı. Bunu iyi bir şekilde başarmak, şimdiye kadar karşılaştığım en büyük görüş netliğini ve en büyük bırakma ve olmasına izin verme sürecini beraberinde getirecekti.

Bir kere bebekler sürekli ilgi ister ve beklerler. İhtiyaçları sizin programınıza göre değil, onların programına göre ve sadece canınız istediğinde değil, her gün karşılanmalıdır. En önemlisi, bebekler ve çocuklar gelişmek ve büyümek için tüm varlığınıza ihtiyaç duyarlar. Kucağa alınmaya (ne kadar çok olursa o kadar iyi) birlikte yürümeye, şarkı söylemeye, sallanmaya, oynamaya, rahatlatılmaya, bazen gece geç saatlerde veya sabahın erken saatlerinde kendinizi tükenmiş, bitkin hissettiğinizde ve sadece uyumak istediğinizde veya başka bir yerde acil yükümlülükleriniz ve sorumluluklarınız olduğunda beslenmeye ihtiyaçlar duyarlar. Çocukların yoğun ve sürekli değişen ihtiyaçları ebeveynler için otomatik pilot modunda çalışmak yerine tamamen mevcut olmak, mekanik değil bilinçli bir şekilde ilişki kurmak, her çocuğun içindeki varlığı hissetmek ve onun canlılığının, zindeliğinin ve saflığının kendimizinkini ortaya çıkarmasına izin vermek için mükemmel fırsatlardır. Çocukların ve ailenin benim öğretmenlerim olmasına izin verebilirsem ve hızlı ve öfkeli bir şekilde gelecek olan yaşam derslerini fark etmeyi ve dikkatle dinlemeyi hatırlayabilirsem, ebeveynliğin bilinçli farkındalığı derinleştirmek için mükemmel bir fırsattan başka bir şey olmayacağını hissettim.

Her uzun inzivada olduğu gibi kolay dönemler ve daha zor dönemler, harika anlar ve acı dolu anlar oldu. Tüm bunlar esnasında buna bir meditasyon inzivası olarak bakma ve çocukları ve aile yapısını öğretmenlerim olarak onurlandırma ilkesi önemini ve değerini defalarca kanıtladı. Ebeveynlik çok stresli bir iştir. İlk yıllarda yaklaşık on kişi gerektiren tam zamanlı bir iş gibi hissettirir ve genellikle tüm bunları yapmak için sadece iki, hatta bir kişi vardır ve bebeklerle birlikte gelen bir kılavuz da yoktur. Bu, dünyada iyi yapmanın en zor olduğu iştir ve çoğu zaman iyi yapıp yapmadığınızı ya da bunun ne anlama geldiğini bile bilmezsiniz. Ebeveyn olmak için neredeyse hiçbir eğitim almayız; bunu sadece iş başındayken olaylar geliştikçe anbean öğreniriz.

Başlangıçta dinlenmek için çok az fırsat olur. İşiniz sürekli meşgul olmanızı gerektirir. Ve çocuklar dünyayı ve kim olduklarını öğrenmek için sınırlarınızı sürekli zorlarlar. Ayrıca büyüdükçe ve geliştikçe değişirler. Bir durumla nasıl iyi ilişki kuracağınızı çözer çözmez, o halden çıkıp daha önce hiç görmediğiniz bir şeye dönüşürler. Geçerliliğini yitirmiş bir bakış açısıyla vakit kaybetmemek için sürekli farkında ve hazır olmanız gerekir. Ve elbette, ebeveynlik dünyasında işlerin nasıl "doğru" yapılacağına dair standart cevaplar veya basit formüller yoktur. Bu da kaçınılmaz olarak hemen hemen her zaman yaratıcı ve zorlayıcı durumların içinde olduğunuz ve aynı zamanda tekrar tekrar ve tekrar tekrar yapmanız gereken pek çok rutin işle karşı karşıya kaldığınız anlamına gelir.

Ve çocuklar büyüdükçe, kendi fikirleri ve iradeleri geliştikçe bu daha da zorlaşır. Bebeklerin çok basit olan ihtiyaçlarıyla ilgilenmek görece kolaydır, özellikle de konuşmaya başlamadan önce ve en şirin ve sevimli oldukları zamanlarda. Her zaman o kadar sevimli ve şirin olmayan, sizinle tartışabilen, birbirlerine acımasızca sataşabilen, kavga eden, isyan eden, dinlemeyi reddeden, sizin yönlendirmenize ve anlayışınıza ihtiyaç duydukları ancak buna açık olmadıkları sosyal durumlara giren, kısacası ihtiyaçları size kendiniz için çok az zaman bırakan ve sürekli bir enerji gerektiren daha büyük çocuklarla sürekli bir irade çatışması yaşanırken, durumu net bir şekilde görmek ve etkili bir şekilde ve biraz da bilgelik ve dengeyle yanıt vermek (sonuçta yetişkin olan sizsiniz) o kadar kolay değildir. Soğukkanlılığınızın ve anlayışınızın azalacağı ve kendinizi kaybedeceğiniz durumlar sınırsızdır. Hiçbir kaçış, hiçbir saklanma, hiçbir ayrışma ne onlara ne de size hizmet edecektir. Çocuklarınız her şeyi içeriden ve yakından görecekler: zaaflarınızı, tuhaflıklarınızı, yaralarınızı ve lekelerinizi, eksikliklerinizi, tutarsızlıklarınızı ve başarısızlıklarınızı.

Bu zorluklar ebeveynlik ya da bilinçli farkındalık pratiği için engel değildir. Eğer buna bu şekilde bakmayı unutmazsanız, bunlar pratiğin ta kendisidir. Aksi takdirde bir ebeveyn olarak yaşamınız çok uzun ve tatmin edici olmayan bir yük haline gelebilir; gücünüzün ve hedeflerinizin net olmaması çocuklarınızın ve kendinizin içsel iyiliğini onurlandırmayı ve hatta görmeyi unutmanıza yol açabilir. Çocuklar, ihtiyaçlarının ve iç güzelliklerinin yeterince onurlandırılmadığı bir çocukluk dönemi nedeniyle kolayca yaralanabilir ve değersiz hissedebilirler. Yaralanmak, onlar ve aile için daha fazla sorun yaratacaktır. Öz güven ve özsaygı, iletişim ve yetkinliklerle ilgili sorunlar çocuklar büyüdükçe kendiliğinden ortadan kalkmaz, genellikle daha da artar. Ve ebeveynler olarak bu bir ölçüde bizden veya kendi farkındalık eksikliğimizden kaynaklanmış olabileceğinden, bu değersizlik veya yaralanmanın işaretlerini algılayacak ve ardından iyileştirmek için harekete geçebilecek kadar açık olmayabiliriz. Ayrıca bu durum üstü kapalı gerçekleşiyor da olabilir, kolayca inkar edilebilir ya da başka nedenlere atfedilebilir. Bu şekilde kendimizi zihnimizde, gerçekten üstlenmemiz gereken bir sorumluluktan muaf tutmuş oluruz.

Dışarıya akan tüm bu enerji göz önüne alındığında, zaman zaman ebeveynleri besleyecek ve canlandıracak bir enerji kaynağını olmazsa bu durumun uzun süre sürdürülemeyeceği açıktır. Bu enerji nerede bulunabilir? Aklıma sadece iki olası kaynak geliyor: eşinizden, diğer aile üyelerinden, arkadaşlarınızdan, bebek bakıcılarından ve ara sıra sevdiğiniz diğer şeyleri yapmaktan alacağınız dışsal destek ve hayatınızda dinginliğe, sadece var olmaya, oturmaya veya biraz yoga yapmaya, gereken şekillerde kendinizi beslemeye biraz zaman ayırabildiğinizde resmi meditasyon pratiğinden alabileceğiniz içsel destek.

Evin sessiz sakin olduğu ve kimsenin benden ilgi talep etmediği başka bir zaman olmadığı için sabah erken saatlerde meditasyon yapıyorum. Ayrıca iş ve diğer yükümlülükler nedeniyle o saatte yapmazsam daha sonra yapamayacak kadar yorgun veya meşgul olabiliyorum. Ayrıca sabahın erken saatlerinde pratik yapmanın tüm günün akışını belirlediğini düşünüyorum. Bu bana neyin önemli olduğunu hem hatırlatıyor hem de doğruluyor ve bilinçli farkındalığın günün diğer alanlarına doğal bir şekilde yayılması için zemin hazırlıyor.

Ancak evde bebeklerimiz varken, sabah saatleri bile risk altındaydı. Yapmaya niyetlendiğiniz her şey, çok dikkatli bir şekilde ayarlamış olsanız bile, her zaman kesintiye uğrayabiliyor ya da tamamen engellenebiliyordu. Bebeklerimiz çok az uyurdu. Sanki her zaman geç kalkıyor ve erkenden uyanıyorlardı, özellikle de ben meditasyon yaparken. Sanki uyanık olduğumu hissedip onlar da uyanıyorlardı. Bazı günler oturmak ya da yoga yapmak için kendime ayırdığım zamanı sabah 04.00'a çekmek zorunda kalıyordum. Diğer zamanlarda bunu umursamayacak kadar bitkin oluyordum ve uykunun her hâlükârda daha önemli olduğunu düşünüyordum. Bazen de bebeğim kucağımdayken meditasyona oturup, süreye onun karar vermesine izin veriyordum. Sadece kafaları dışarıda kalacak şekilde meditasyon battaniyesine sarılmayı seviyorlardı. Ben sadece kendi nefesimi değil, bizim nefesimizi takip ederken onlar da sık sık uzun süreler boyunca hareketsiz kalıyorlardı.

Bedenimin ve nefesimin farkında olmamın ve onları kucağıma alıp otururken kurduğumuz yakın temasın bebeklerimin sakinliği hissetmelerine, dinginliği ve kabul duygusunu keşfetmelerine yardımcı olduğunu o günlerde güçlü bir şekilde hissettim ve hâlâ da bunu hissediyorum. Ayrıca onların zihni yetişkin düşünceleri ve endişeleriyle dolu olmadığı için benimkinden çok daha büyük ve saf olan içsel rahatlıkları, benim de daha sakin ve rahat olmama ve daha fazla anda kalmama yardımcı oldu. Yeni yürümeye başladıklarında onlar üzerime tırmanırken, otururken ya da bedenimden sarkarken yoga yapardım. Yerde oynarken kendiliğinden iki beden için uygun olacak yeni yoga duruşları, birlikte yapabileceğimiz şeyler keşfederdik. Çoğunlukla sözel olmayan, bilinçli farkındalıkla yapılan bu tür beden oyunları bir baba olarak benim için muazzam bir eğlence ve neşe, hepimiz içinse derin bir bağlantılılık kaynağıydı.

Çocuklar büyüdükçe, onların evimizde yaşayan Zen ustaları olduklarını hatırlamak da o kadar zorlaşıyor. Bilinçli farkındalıklı olma ve tepkisel davranmama, tepkilerimi ve aşırı tepkilerimi net bir şekilde görme ve hatalı olduğumu kabul etme konusundaki zorluklar, onların hayatında giderek daha az söz hakkına sahip olduğum gerçeği sebebiyle sanki daha da artıyor. Ben daha ne olduğunu anlamadan kendi yetiştiriliş biçimimden kalma eski kasetler son seste yüzeye çıkıyormuş gibi görünüyor: ailedeki rolüm, meşru ve gayri meşru otoritem ve gücümü nasıl ortaya koyacağım, evde ne kadar rahat hissettiğim, çok farklı yaşlarda ve aşamalardaki insanlar arasındaki kişilerarası ilişkiler ve onların sıklıkla birbiriyle yarışan ihtiyaçları hakkında arketipsel erkek konuları. Her gün yeni bir mücadele getiriyor. Bu çoğu zaman bunaltıcı, bazen de oldukça yalnız hissettiriyor. Aranızdaki genişleyen uçurumları hissediyorsunuz ve sağlıklı psikolojik gelişim ve keşif için mesafenin önemini anlıyorsunuz ama ne kadar sağlıklı olursa olsun, uzaklaşmak aynı zamanda acı veriyor. Bazen ben de yetişkin olmanın ne demek olduğunu unutuyorum ve çocukça davranışlara saplanıp kalıyorum. Eğer bilinçli farkındalığım o anda görevde değilse, çocuklar beni hızla kendime getirip tekrar uyandırıyorlar.

Ebeveynlik ve aile hayatı, bilinçli farkındalık pratiği için mükemmel bir alan olabilir ancak bu zayıf kalpli, bencil, tembel veya aşırı romantik olanlara göre değildir. Ebeveynlik sizi kendinize bakmaya zorlayan bir aynadır. Gözlemlediklerinizden bir şeyler öğrenebilirseniz, kendinizi geliştirmeye devam etme şansınız olabilir.

En yakın insanlar arasında bile sonsuz mesafelerin var olmaya devam ettiği gerçeği bir kez kabul edildiğinde, insanlar aralarındaki mesafeyi sevmeyi başarabilirlerse, yan yana harika bir yaşam gelişebilir ve bu da her birinin diğerini gökyüzü altında bir bütün olarak görmesini mümkün kılar.

RAINER MARIA RILKE, *Letters*

Bütünlüğe erişmek için kişinin tüm varlığını ortaya koyması gerekir. Daha azı işe yaramaz; daha kolay koşullar, alternatifler, uzlaşmalar olmaz.

C.G. JUNG

DENEYİN: Eğer bir ebeveyn ya da büyükanneyseniz/büyükbabaysanız çocukları öğretmenleriniz olarak görmeyi deneyin. Onları bazen sessizce gözlemleyin. Onları daha dikkatli dinleyin. Beden dillerini okuyun. Kendilerini nasıl taşıdıklarını, ne çizdiklerini, ne gördüklerini, nasıl davrandıklarını izleyerek özsaygılarını değerlendirin. Günlerinin bu saatinde, hayatlarının bu aşamasında, şu anda ihtiyaçları nelerdir? Kendinize "Şu anda ona nasıl yardımcı olabilirim?" diye sorun. Sonra da cevap için kalbinizi dinleyin. Unutmayın, bunun için doğru an değilse ve zamanlama ve olayları nasıl ele aldığınız konusunda çok duyarlı değilseniz, tavsiye vermek muhtemelen faydalı olmayacaktır. Kendinizi dengeleyerek, tamamen anda, açık ve erişilebilir olmanız onlar için harika bir hediyedir. Ve bilinçli farkındalıkla kucaklamak da faydalı olacaktır.

Ebeveynlik İki

Elbette onlar sizin öğretmeniniz olduğu kadar siz de çocuklarınızın en önemli hayat öğretmenlerisiniz ve bu rolü nasıl üstlendiğiniz, kendi hayatınızda olduğu kadar onların hayatında da büyük bir fark yaratacaktır. Ben ebeveynliği uzun süreli ama geçici bir koruyuculuk olarak görüyorum. Onları "bizim" çocuklarımız ya da "benim" çocuklarım olarak düşündüğümüzde ve kendi ihtiyaçlarımızı karşılamak üzere şekillendirip kontrol edeceğimiz varlıklar olarak görmeye başladığımızda, başımızın büyük bir belaya girdiğine inanıyorum. Hoşunuza gitsin ya da gitmesin, çocuklar her zaman kendilerine ait varlıklardır ve öyle kalacaklardır. Ancak tam anlamıyla insan olabilmeleri için büyük bir sevgi ve rehberliğe ihtiyaçları vardır. Doğru bir koruyucu ya da rehber, gelecek nesle en önemli olanı aktarmak için bol miktarda bilgeliğe ve sabra ihtiyaç duyar. Bazılarımız (ben de dâhil) bu işi iyi yapabilmek için beslemeye, sevgiye ve şefkate yönelik temel içgüdülerimize ek olarak neredeyse sürekli bir bilinçli farkındalığa ihtiyaç duyarız ve daha sonra kendi başlarına daha kapsamlı bir şekilde keşfedecekleri yollarda ilerlemek için kendi güçlerini, görüşlerini ve becerilerini geliştirirken onları koruruz.

Meditasyonu kendi hayatında faydalı bulan bazı insanlar çocuklarına meditasyon yapmayı öğretmek konusunda çok isteklidirler. Bu büyük bir hata olabilir. Bana sorarsanız çocuklarınıza (özellikle de onlar küçükken) bilgeliği, meditasyonu ya da başka bir şeyi öğretmenin en iyi yolu bunu kendiniz uygulamak, en çok aktarmak istediğiniz şeyi somutlaştırmak ve çenenizi kapalı tutmaktır. Meditasyon hakkında ne kadar çok konuşursanız, meditasyonu ne kadar çok yüceltirseniz ya da çocuklarınızın bir şeyleri belli bir şekilde yapması için ne kadar çok ısrar ederseniz, onları ömür boyu meditasyondan uzaklaştırma olasılığınız o kadar artar. Kendi görüşünüze olan güçlü bağlılığınızı, onları domine etmenizin ve onların gerçeği olmayan, sadece size ait olan bazı inançları dayatmanızın ardındaki saldırganlığı hissedecekler ve bunun onlara ait bir yol olmadığını, sizin yolunuz olduğunu bileceklerdir. Büyüdükçe bunun arkasındaki ikiyüzlülüğü ve iddia edilen ile yaşanılan arasındaki uyuşmazlığı tespit edebilirler.

Kendinizi meditasyon pratiğinize adamışsanız bunu bilecek, görecek ve bunu hayatın bir parçası, normal bir faaliyet olarak kabul edeceklerdir. Hatta bazen ebeveynlerin yaptığı diğer pek çok şeyde olduğu gibi sizi taklit etmek isteyeceklerdir. Mesele şu ki meditasyon öğrenme ve uygulama motivasyonu çoğunlukla onlardan kaynaklanmalı ve yalnızca ilgileri devam ettiği ölçüde sürdürülmelidir.

Gerçek eğitim neredeyse tamamen sözsüzdür. Çocuklarım yoga yaparken beni gördükleri için bazen benimle birlikte yoga yapıyorlar. Ancak çoğu zaman yapacak daha önemli işleri oluyor ve buna ilgi duymuyorlar. Aynı şey meditasyona oturmaları için de geçerli. Ama meditasyon hakkında bilgileri var. Bunun ne olduğunu ve benim de buna değer verdiğimi ve uyguladığımı biliyorlar. Ve küçükken benimle oturdukları için istediklerinde nasıl oturacaklarını da biliyorlar.

Kendiniz pratik yapıyorsanız, çocuklarınıza meditatif önerilerde bulunmanın anlamlı olabileceği belli zamanları keşfedeceksiniz. Bu öneriler o an "işe" yarayabilir ya da yaramayabilir ancak daha sonrası için bir tohum ekecektir. Çocuklarınızın acı veya korku yaşadığı ya da uykuya dalmakta zorlandığı zamanlar iyi fırsatlardır. Aşırı zorlayıcı veya ısrarcı olmadan nefeslerine odaklanmalarını, yavaşlamalarını, küçük bir kayıkla dalgaların üzerinde süzülmelerini, korkuyu veya acıyı izlemelerini, imgelere ve renklere bakmalarını, durumla "oynamak" için hayal güçlerini kullanmalarını önerebilir ve sonra kendilerine bunların sadece zihindeki resimler, filmler gibi olduğunu hatırlatabilirsiniz. Filmi, düşünceyi, imgeyi, rengi değiştirebilirler ve bazen bu daha çabuk iyi hissetmelerini ve daha kontrollü hissetmelerini sağlar.

Bazen bu okul öncesi çocuklarda işe yarar ancak altı ya da yedi yaşına geldiklerinde utanabilirler ya da bunun aptalca olduğunu düşünebilirler. Sonra bu da geçer ve belirli zamanlarda tekrar buna açık hale gelirler. Her hâlükârda korku ve acı ile başa çıkmanın içsel yolları olduğuna dair tohumlar ekilmiş olur ve genellikle büyüdüklerinde bu bilgiye geri dönerler. Düşünce ve duygularından daha fazlası olduklarını ve çeşitli durumlara katılmak ve sonuçları etkilemek için bunlarla kendilerine daha fazla seçenek sunan yollar aracılığıyla ilişki kurabileceklerini doğrudan kendi deneyimlerinden bileceklerdir. Diğer insanların zihinleri dalgalanıyor diye kendilerininkinin de dalgalanmak zorunda olmadığını bileceklerdir.

Yol Boyunca Karşılaşabileceğiniz Bazı Zorluklar

Bilinçli farkındalık pratiğini yaşam boyu sürdürmek istiyorsanız, yolculuğunuz boyunca karşınıza çıkabilecek en büyük potansiyel engel kesinlikle düşünen zihniniz olacaktır.

Örneğin zaman zaman bir yerlere vardığınızı düşüneceksiniz, özellikle de daha önce deneyimlediklerinizi aşan tatmin edici anlar yaşadığınızda. Bunun ardından bir yerlere vardığınızı, meditasyon pratiğinin "işe yaradığını" düşünebilir hatta belki de başkalarına söyleyebilirsiniz. Ego bu özel duygu veya anlayış üzerinde hak iddia etmek ve bundan kendine pay çıkarmak ister. Bu gerçekleşir gerçekleşmez, artık meditasyona değil reklama yönelmiş olursunuz. Meditasyon pratiğini kendini yüceltme alışkanlığını desteklemek için kullanarak kendinizi bu durumda bulmak kolaydır.

Bu olduğunda berrak bir şekilde görmeyi bırakırsınız. Bu tür bir kendine dönük düşünce tarafından sahiplenildiğinde, net bir içgörü bile hızla bulanıklaşır ve gerçekliğini kaybeder. Dolayısıyla "ben" ve "benim" gibi tüm kavramların sizi kendinizden ve doğrudan deneyimin duruluğundan uzaklaştırabilecek düşünce biçimleri olduğunu kendinize hatırlatmanız gerekir. Bu hatırlatma, ona en çok ihtiyaç duyduğumuz ve ona ihanet etmeye en yakın olduğumuz anlarda pratiği bizim için ayakta tutar. Sorgulama ve hakiki merak ruhuyla derinlemesine bakıp, sürekli olarak "Bu nedir?" diye sormamızı sağlar.

Veya zaman zaman meditasyon pratiğinizle hiçbir yere varamadığınızı düşünebilirsiniz. Gerçekleşmesini istediğiniz hiçbir şey gerçekleşmemiştir. Bir durağanlık, bir can sıkıntısı hissi vardır. Burada sorun yine düşüncedir. Can sıkıntısı, durağanlık veya hiçbir yere varamama duygularında yanlış bir şey olmadığı gibi, bir yere vardığınızı hissetmekte de yanlış bir şey yoktur ve aslında bu pratiğinizin daha derin ve daha sağlam hale geldiğinin belirtisi olabilir. Asıl zorluk bu tür deneyimleri veya düşünceleri şişirdiğinizde ve bunların özel olduğuna inanmaya başladığınızda ortaya çıkar. Deneyiminize bağlandığınızda, pratik durur ve gelişiminiz de onunla birlikte durur.

DENEYİN: Kendinizi bir yere ulaştığınızı ya da olmanız gereken yere ulaşamadığınızı düşünürken bulduğunuzda, kendinize şunlara benzer şeyler sormak faydalı olabilir: "Nereye varmam gerekiyor?", "Kimin bir yere varması gerekiyor?", "Neden bazı zihin durumlarını gözlemlemek ve mevcut olarak kabul etmek diğerlerinden daha zor?", "Bilinçli farkındalığı her ana davet ediyor muyum yoksa meditasyon pratiği çeşitlerini bilinçsizce tekrarlayarak biçimi özle mi karıştırıyorum?", "Meditasyonu bir teknik olarak mı kullanıyorum?"

Bu sorular kendinize dönük duygu durumlarının, bilinçsiz alışkanlıkların ve güçlü hislerin pratiğinizde hakimiyet kurduğu anları atlatmanıza yardımcı olabilir. Sizi hızla anın tazeliğine ve güzelliğine geri getirebilir. Belki de meditasyonun başka bir yere varmaya çalışmadığınız, sadece olduğunuz yerde ve olduğunuz gibi olmanıza izin verdiğiniz tek etkinlik olduğunu unuttunuz veya tam olarak kavrayamadınız. Bu olup bitenlerden veya durduğunuz yerden hoşlanmadığınızda yutmanız gereken acı bir ilaçtır fakat özellikle de böyle zamanlarda bunu yapmak değerli hale gelir.

Bilinçli Farkındalık Spiritüel midir?

Sözlükte "spirit" (ruh) kelimesine bakacak olursanız Latince spirare'den geldiğini ve "nefes almak" anlamını taşıdığını görürsünüz. Nefes almak esinlenmektir, nefes vermek ise tükenmektir. Ruhun yaşam nefesi, yaşamsal enerji, bilinç, tin ile olan tüm ilişkisi buradan gelir. Bunlar genellikle bize bahşedilmiş ilahi armağanlar olarak tanımlanır ve bu nedenle kutsalın, esrarlı ve tarif edilemez olanın bir yönünü oluşturur. En derin anlamda nefesin kendisi ruhun nihai armağanıdır. Ancak gördüğümüz üzere dikkatimiz başka bir yerde olduğu sürece nefesin sunduğu erdemlerin derinliği ve kapsamı bize yabancı kalabilir. Bilinçli farkındalık çalışması sahip olduğumuz her anda canlılığa uyanmaktır. Uyanıklıkta her şey ilham verir. Hiçbir şey ruhun etki alanının dışında değildir.

"Spiritüel" kelimesini kullanmaktan elimden geldiğince kaçınıyorum. Bilinçli farkındalığı hastanede tıp ve ana akım sağlık hizmetlerine dâhil ettiğim çalışmalarda, stres azaltma kliniğimizde, hapishanelerde, okullarda ve profesyonel kuruluşlarda ve sporcularla çalıştığımız diğer ortamlarda bu kelimeyi ne yararlı ne gerekli ne de uygun buluyorum. "Spiritüel" kelimesini özellikle de kendi meditasyon pratiğimi geliştirme ve derinleştirme biçimime uygun bulmuyorum.

Bu, meditasyonun temelde "spiritüel bir uygulama" olarak düşünülebileceğini inkâr etmek anlamına gelmiyor. Sadece bu kelimenin hatalı, eksik ve sıklıkla yanlış çağrışımları ile ilgili bir sorunum var. Meditasyon kişinin kendini geliştirmesi, algılarını, görüşlerini, bilincini rafine etmesi için derin bir yol olabilir. Ancak bana kalırsa spiritüellik kelimesi çözdüğünden daha fazla pratik sorun yaratıyor.

Bazı insanlar meditasyonu bir "bilinç disiplini" olarak adlandırıyor. Ben bu ifadeyi "spiritüel pratik" terimine tercih ediyorum çünkü "spiritüel" kelimesi farklı insanlarda çok farklı çağrışımlar uyandırıyor. Tüm bu çağrışımlar kaçınılmaz olarak inanç sistemleri ve çoğumuzun incelemeye isteksiz olduğu bilinçdışı beklentilerle iç içe geçmiştir ve bu durum gelişmemizi ve hatta gerçek bir gelişimin mümkün olduğunu anlamamızı kolayca engelleyebilir.

Zaman zaman insanlar hastanede yanıma gelip stres azaltma kliniğinde geçirdikleri zamanın şimdiye kadar yaşadıkları en spiritüel deneyim olduğunu söylüyorlar. Bu hisler bir teori, ideoloji ya da inanç sisteminden değil, doğrudan meditasyon pratiğiyle ilgili kendi deneyimlerinden kaynaklandığı için böyle hissetmeleri beni mutlu ediyor. Genellikle ne demek istediklerini anladığımı düşünüyorum ama nihayetinde etiketlerin ötesinde olan içsel bir deneyimi kelimelere dökmeye çalıştıklarını da biliyorum. Ama en büyük dileğim yaşadıkları deneyim ya da içgörü her ne ise bunun onlar için devam etmesi, kök salması, canlı kalması ve büyümesidir. Umarım uygulamanın başka bir yere, hatta hoş veya derin spiritüel deneyimlere ulaşmakla ilgili olmadığını anlamış olurlar. Umarım bilinçli farkındalığın dilek ya da başka türlü tüm düşüncelerin ötesinde olduğunu, "şimdi ve burada"nın bu çalışmanın sürekli olarak ortaya çıktığı sahne olduğunu anlamaya başlarlar.

Spiritüellik kavramı düşüncelerimizi genişletmek yerine daraltabilir. Yaygın bir şekilde bazı şeyler spiritüel olarak düşünüldüğünde belli şeyler dışlanır. Bilim spiritüel midir? Anne ya da baba olmak spiritüel midir? Köpekler spiritüel midir? Beden spiritüel midir? Zihin spiritüel midir? Doğum spiritüel midir? Yemek yemek spiritüel midir? Resim yapmak, müzik çalmak, yürüyüşe çıkmak ya da bir çiçeğe bakmak spiritüel midir? Nefes almak ya da bir dağa tırmanmak spiritüel midir? Açıkçası hepsi bununla nasıl karşılaştığınıza, bunu farkındalık içinde nasıl tuttuğunuza bağlıdır.

Bilinçli farkındalık her şeyin "spiritüel" kelimesinin çağrıştırdığı parlaklıkla parlamasını sağlar. Einstein fiziksel evrenin altında yatan düzeni düşünürken deneyimlediği "kozmik dini duygudan" bahsetmiştir. Araştırmaları uzun yıllar boyunca erkek meslektaşları tarafından hem görmezden gelinen hem de küçümsenen ve nihayet seksen yaşında Nobel Ödülü'ne layık görülen büyük genetikçi Barbara McClintock mısır genetiğinin inceliklerini çözme ve anlama çabaları sırasında "organizmaya karşı hissettiği duygudan" söz etmiştir. Belki de nihayetinde spiritüel basit bir şekilde bütünlüğü ve birbirine bağlılığı doğrudan deneyimlemek, bireyselliğin ve bütünlüğün iç içe geçtiğini, hiçbir şeyin ayrı veya yabancı olmadığını görmek anlamına gelir. Eğer bu şekilde bakarsanız, her şey en derin anlamıyla spiritüel hale gelir. Bilim spiritüel bir şeydir. Bulaşık yıkamak da öyle. Önemli olan içsel deneyimdir. Ve bunun için orada olmanız gerekir. Geri kalan her şey sadece düşünmektir.

Aynı zamanda kendini aldatma, yanıltıcı düşünme, büyüklenme, kendini üstün görme ve diğer varlıklara yönelik sömürü ve zalimlik dürtülerine karşı da tetikte olmalısınız. Tüm çağlarda spiritüel "gerçeğin" tek bir görüşüne bağlı kalan insanlar çok fazla zarara yol açmıştır. Ve spiritüellik perdesi arkasına saklanarak kendi arzularını beslemek için başkalarına zarar vermeye hazır olan insanlar çok daha kötü şeylere sebep olmuştur.

Dahası spiritüellikle ilgili fikirlerimiz genellikle dikkatli dinlendiğinde duyulabilecek bir "ben-senden-daha-kutsalım" tınısı taşır. Ruha ilişkin dar, değişmezci görüşler ruhu genellikle beden, zihin ve maddenin "kaba", "kirlenmiş", "aldatılmış" yapılarından daha üstün bir yere yerleştirir. Bu tür görüşlere kapılan insanlar, ruhla ilgili fikirleri hayattan kaçmak için kullanabilir.

Mitolojik açıdan bakıldığında, James Hillman ve arketip psikolojisinin diğer savunucularının da işaret ettiği üzere ruh kavramı yukarı doğru yükselen bir niteliğe sahiptir. Enerjisi; bu dünyanın toprağa bağlı niteliklerinin üzerine, maddi olmayan, ışık ve parlaklıkla dolu, zıtlıkların ötesinde, her şeyin birliğe, nirvanaya, cennete, kozmik bir birliğe dönüştüğü bir dünyaya yükselmeyi temsil eder. Ancak birlik kesinlikle çok nadir görülen bir insan deneyimi olsa da hikâye burada bitmez. Dahası çoğu zaman bu genelde yoğunlukla hüsnükuruntu ve çok az bir parça da doğrudan deneyimden oluşur. Özellikle gençlerde spiritüel birlik arayışı genellikle acıyı, ıstırabı ve karanlık olan bu dünyanın sorumluluklarını aşmaya yönelik naiflik içeren romantik bir özlemden kaynaklanır.

Aşkınlık fikri büyük bir kaçış, yanılsama için güçlü bir ateşleyici olabilir. Bu nedenle Budist geleneği, özellikle de Zen, sıradan ve gündelik olana, "özgür ve rahat olmak" dedikleri şeye geri dönmeyi vurgular. Bu her yerde, her koşulda, yukarıda ya da aşağıda değil, sadece mevcut ama tamamen mevcut olmak anlamına gelir. Ve Zen uygulayıcılarının tamamen alaycı ve fevkalade kışkırtıcı bir deyişi vardır: "Buda ile karşılaşırsanız, onu öldürün". Bu Buda'ya veya aydınlanmaya yönelik her türlü kavramsal bağlılığın hedeften uzak olduğu anlamını taşır.

Dağ meditasyonunda kullandığımız dağ imgesinin sadece doruğun yüksekliğiyle, günlük yaşamın "sıradanlığından" yüksekte olma durumuyla ilgili olmadığına dikkat edin. Bu aynı zamanda temele yerleşmiş olma, sağlam bir temele dayanma durmunu; sis, yağmur, kar ve soğuk gibi tüm koşullarla veya zihinle ilgili olarak depresyon, anksiyete, kafa karışıklığı, ağrı ve acı gibi durumlarla oturup bir arada olma isteğini ifade eder.

Psişenin öğrencilerinin bize hatırlattığı üzere kaya, tinden ziyade ruhun sembolüdür. Yönü aşağı doğrudur; ruhun yolculuğu sembolik bir iniştir, yeraltına gidiştir. Su da ruhun sembolüdür; göl meditasyonunda olduğu gibi aşağıya doğru olan ögeyi somutlaştırır, alçak yerlerde birikir, kayaların arasında toplanır, karanlık ve gizemlidir, duyarlıdır, genellikle soğuk ve nemlidir.

Ruh hissiyatı teklikten ziyade çokluğa, karmaşıklığa ve belirsizliğe, herbirliğe ve öyleliğe dayanır. Ruh anlatıları arayışı, kişinin hayatını riske atmasını, karanlığa katlanmasını ve gölgelerle karşılaşmasını, yeraltına veya su altına gömülmesini, kaybolmasını ve zaman zaman kafasının karışmasını ama yine de sebat etmesini anlatan anlatılardır. Azimle ilerleyerek, en çok korktuğumuz ama yine de yüzleştiğimiz karanlıktan ve yeraltının batık kasvetinden çıkarken nihayetinde kendi zenginliğimizle temasa geçeriz. Bu zenginlik her zaman oradaydı ama karanlığa ve kedere doğru bu iniş aracılığıyla yeniden keşfedilmesi gerekiyordu. Başkaları tarafından ve hatta bazen bizim tarafımızdan görülmese bile, o bize aittir.

Tüm kültürlerdeki masallar çoğunlukla tin öykülerinden ziyade ruh öyküleridir. "Hayat Suyu"nda gördüğümüz gibi cüce bir ruh figürüdür. Külkedisi bir ruh öyküsüdür. Robert Bly'ın *Iron John*'da belirttiği gibi buradaki arketip küldür. Siz (çünkü bu öykülerin hepsi sizinle ilgilidir) küllerin içinde, ateşin yanında, gerçekçi ama aynı zamanda kederli, iç güzelliğiniz algılanmamış ve sömürülmüş halde bekletilirsiniz. Bu süre zarfında içsel olarak yeni bir gelişme, bir olgunlaşma, bir başkalaşım, bir yumuşama gerçekleşir ve bu da tam gelişmiş bir insanın ortaya çıkmasıyla sonuçlanır. Bu kişi ışıltılı ve altın rengidir ama aynı zamanda dünyanın gidişatı hakkında bilgilidir, artık pasif ve naif bir oyuncu değildir. Tam gelişmiş insan; ruhun ve tinin, yukarının ve aşağının, maddi ve maddi olmayanın birliğini temsil eder.

Meditasyon pratiğinin kendisi de bu büyüme ve gelişme yolculuğunun bir aynasıdır. Bu da bizi yukarı olduğu gibi aşağı da götürür, neşe ve ışık kadar acı ve karanlıkla da yüzleşmemizi, hatta onları kucaklamamızı talep eder. Bize, karşımıza çıkan her şeyi ve kendimizi bulduğumuz her yeri sorgulama, açılma, güç ve bilgelikte gelişme ve kendi yolumuzda yürüme fırsatı olarak kullanmamızı hatırlatır.

Benim için "ruh" ve "tin" gibi sözcükler kendini tanımaya ve bu tuhaf dünyadaki yerini bulmaya çalışan insanın içsel deneyimini tanımlamaya yönelik girişimlerdir. Gerçekten spiritüel olan hiçbir çalışma ruhtan yoksun olamayacağı gibi, gerçekten ruhani olan hiçbir çalışma da tinden yoksun olamaz. Şeytanlarımız, ejderhalarımız, cücelerimiz, cadılarımız ve devlerimiz, prenslerimiz ve prenseslerimiz, krallarımız ve kraliçelerimiz, dehlizlerimiz ve küplerimiz, zindanlarımız ve küreklerimiz şimdi ve burada bize bir şeyler öğretmeye hazırdır. Ancak onları dinlememiz ve farkında olalım ya da olmayalım her birimizin içinde barındırdığı tam anlamıyla insan olmanın ne anlama geldiğine dair bitmek bilmeyen kahramanca arayışın ruhuyla ve yaşanmış bir insan ömrünün yapısı olarak ele almamız gerekir. Belki de herhangi birimizin yapabileceği en "spiritüel" şey kendi gözlerimizle bakmak, bütünlüğün gözleriyle görmek ve dürüstlük ve nezaketle hareket etmektir.

...onların gözleri, kadim ışıltılı gözleri neşelidir.

W. B. YEATS, *Lapiz Lazuli*

SONSÖZ

İnsanların meditasyonla ilgili kitapları gelişigüzel bir şekilde satın aldıklarını düşünmüyorum. Bu kitabın on yıldır yirmiden fazla dilde basılıyor olması, insanların bu kitabın verdiği mesaja ilgi duyduğunu ve bundan etkilendiğini gösteriyor. Bu belki de içten içe olduğumuzu bildiğimiz ama kendimizi uzak hissettiğimiz kişi olma deneyimini doğrudan yaşamaya aç olmamızdan kaynaklanıyordur. Belki de özgünlüğe, samimiyete ve netliğe karşı giderek yaygınlaşan ve derinleşen bir özleme dokunuyor ve bize zaten bildiğimiz bir şeyi hatırlatıyordur: Bu nitelikleri ancak kendi içimizde ve doğrudan yaşam deneyimlerimizde bulabiliriz. Koşullar ne olursa olsun, bu her zaman ve sadece "şimdi ve burada" mümkün olabilir. Belki de insanlar başlıktaki fırsat varken deneyimlerimize uyanma çağrısını ve fark etmeden yaşamanın ne kadar kolay olduğunu ve bu nedenle hayatın büyük bir kısmını kaçırdığımızı, kendimize kim olduğumuza ve nereye gittiğimize dair güzel hikâyeler anlattığımızı, bunlar olurken asla ulaşamayacağımız ve ulaşsak bile asla farkında olamayacağımız hayallere daldığımızı fark ediyorlar.

Bu kitap benim için o kadar içten ve eksiksiz ki bu onuncu yıldönümü baskısı için benden bir şeyler yazmam istendiğinde bir önsözle yeni şeyler ekleme konusunda isteksiz olduğumu fark ettim. Bu nedenle bu sonsözü yazıyorum.

Söylenecek hem çok şey var hem de hiçbir şey yok. Meditasyon uygulamasının kendisi zamansızdır ve böylesine büyük içsel ve dışsal kargaşaların ve kafa karışıklığının yaşandığı bir dönemde toplumumuzda bu kadar derin kök saldığını görmek son derece sevindiricidir. Bu dijital çağın ortaya çıkışıyla birlikte, daha az zamanda daha çok iş yapma kapasitemizi giderek besleyen, dolayısıyla kendimizle ve kendimiz için asla anda kalamadığımız dünyayla bağlantımızı neredeyse tamamen kaybetme riskimizin dramatik bir şekilde arttığı, her şeyin dramatik bir şekilde hızlandığı bir dönem. İnsanlık tarihi boyunca böyle bir şey görülmemişti. Türümüz kritik bir kavşakta, bir kırılma noktasında ve bilinçli farkındalık, doğuştan gelen bilinçli uyanıklık, açık yürekli mevcudiyet ve net görme kapasitemiz hiç bu kadar önemli olmamıştı.

Bana göre tüm bu kargaşa içinde her zamankinden daha çok ihtiyacımız olan şey, dünyadaki çeşitli faaliyetlerimizin gidişatına eşlik edecek ve bunu şekillendirecek, aynı zamanda insan olarak potansiyelimizi tam anlamıyla geliştirebilmemiz için bize bireysel ve kolektif olarak rehberlik edecek bir içsel bilgelik ve bir bilinç dönüşümüdür. Bilinçli farkındalık meditasyonu özellikle sadece bir teknik veya halihazırda çok yoğun olan gününüz içerisinde yapmanız gereken bir şey olarak değil de bir varoluş biçimi olarak, hayatı gerçekten önemliymiş gibi anbean yaşamak olarak algılandığında güçlü bir araçtır. Ve bu zamansız olana açılan bir kapı olduğu için zamanın ötesinde, zamanın altında, zamanın içinde işler ve böylece başka bir yere ulaşmak için çabalamak zorunda kalmadan ya da yetersiz veya kusurlu olduğumuz için kendimizi hırpalamadan dönüşmemize izin verir.

Çünkü kitabın da vurguladığı gibi siz zaten mükemmelsiniz. Hepimiz öyleyiz. Tüm kusurlarımız ve yetersizliklerimiz de dâhil olmak üzere, olduğumuz halimizle mükemmeliz. Soru şudur: Bununla beraber olabilir miyiz? Bununla oturabilir miyiz? Bunu bilebilir miyiz? Kendi bütünlüğümüzü kucaklayabilir ve bunu burada, zaten olduğumuz yerde, kendimizi içinde bulduğumuz iyi, kötü, çirkin, kayıp, kafa karıştırıcı, yürek parçalayıcı, dehşet verici ve acı verici durumlarda somutlaştırabilir miyiz? Bu biliş olabilir miyiz? Kendi farkındalığımızın sonsuz güzelliğinin, gizeminin ve bilgeliğinin farkına varabilir miyiz ve bunun aynı zamanda şefkatli ve sevecen bir dikkatin geliştirilmesiyle sınırsız bir şekilde genişletilebileceğini anlayabilir miyiz? Gittiğimiz her yere kendimizi de götürdüğümüzü ve bu "yerin" her zaman "burada" olduğunu ve bu yüzden olanın, bu her neyse, zaten olduğu için en azından onaylamayı ve belki biraz da kabulü gerektirdiğini fark edebilir miyiz? Bütünlüğümüz içinde kendimize doğru gelişip, değerli ve geçici hayatlarımızı daha bilge bir şekilde yaşayabilir miyiz?

Bunların hepsi aslında tek bir sorudur. Ve içimizden gelen yanıt şudur: Yapabiliriz, yapabiliriz… Aslına bakarsanız, yapacak başka ne var ki? Ve fırsatımız varken hayatımızı, çoğu zaman görülmeyen, fark edilmeyen ve kullanılmayan tüm olasılıkları ile kendimize geri vermekten daha önemli ne olabilir? Ya "Gittiğin her yere kendini de götürürsün," ya da " Gittiğin yere kendini götürmezsin." Her ikisi de herhangi bir an için bir ölçüde doğrudur. Ancak bunun derecesiyle oynayabiliriz ve böylece şimdi ve her zaman olduğumuz ama sadece bir anlığına unuttuğumuz insanı tam olarak şimdi ve burada geri kazanabiliriz.

Birkaç dakika bile olsa bilinçli farkındalık kalbi kendine doğru çeker. Özlemini duyduğumuz ve bizi çağıran yakınlığı davet eder. Nihayetinde bilinçli farkındalık yakınlıktır, kendimizle ve dünyayla olan yakınlığımızdır. Bilinçli farkındalık pratiği bize hem dünyanın hem de gönlümüzün iyiliğini ve güzelliğini doğrudan sunarak, acı veren duygularımızın rüzgârından ve huzursuz ve sürekli yargılayan bir zihnin çalkantılarından uzakta, farkındalık içinde şimdiki anda dinlenmenin gücünü ortaya çıkarır. Eğer bunları inkâr etmekten ya da kapatmaya çalışmaktan vazgeçersek, bunların kendiliğinden azalmayacağını ortaya koyar. Bunları kapatmak sadece huzursuz edici enerjilerini besler ve çoğu zaman aydınlanma ve şefkat yerine her açıdan zarar ve acıya yol açar. Kendinizi tüm kalbinizle yaşam boyu sürecek bu maceraya atma cesaretiniz ve azminiz için en derin saygılarımı sunarım. Günlük yaşamımızda her birimiz, birbirimiz ve dünyanın kendisi için mümkün olan sayısız biçimi anbean ve her nefeste somutlaştırıyor ve yansıtıyoruz. Her nefeste sürekli olarak mümkün olanı daha tutarlı, daha coşkulu, daha şefkatli bir şekilde şimdi ve her zaman zaten burnumuzun dibinde ve hepimizin içinde olan netlik, aklıselimlik ve esenlik için daha büyük bir minnettarlıkla somutlaştırmaya ve dolayısıyla gerçekleştirmeye davet ediliyoruz.

Kendimizi tekrar tekrar içimizdeki en derin ve en iyi olana teslim etmeye devam edelim, en gerçek doğamızın tohumlarını büyümeye ve çiçeklenmeye teşvik edelim ve (yakın ve uzak, bilinen ve bilinmeyen tüm varlıkların iyiliği için) hayatımızı, görevimizi ve dünyamızı anbean ve her gün besleyelim.

Jon Kabat-Zinn

Yazar aşağıdaki kaynaklardan aldığı yeniden basım iznine minnetle teşekkür eder:

I Am That; Talks with Sri Nisargadatta Maharaj. Marathni ses kayıtlarından Maurice Frydman tarafından çevrilmiştir. Editör:- Sukhar S. Dikshit. Copyright 1973 Chetana Pvt. Ltd., Bombay. İlk Amerikan versiyonu The Acorn Press, Durham, N.C., 1982, 6. baskı 1992. Amerikalı yayıncının izniyle yeniden basılmıştır.

Stephen Mitchell'in *The Enlightened Heart* (Wu-men, Chuang Tzu, Li Po, Issa, Basso, Dogen), Harper & Row, 1989 kitabından bazı bölümler yeniden basılmıştır.

Robert Bly tarafından yazılan *The Kabir Book* Copyright © 1971, 1977 by Robert Bly'dan alınmıştır. Beacon Press'in izniyle alıntılanmıştır.

Martha Graham, Agnes DeMille'in 7 Nisan 1991 Pazar günü *The New York Times*'da yayımlanan makalesinde alıntılanmıştır.

Tao Te Ching, çev. Stephen Mitchell, HarperPerennial, 1988'den alıntılanmıştır

Gary Snyder'ın *The Practice of the Wild* adlı kitabından alıntıdır. Telif hakkı © 1990 Gary Snyder'a aittir. Farrar, Straus & Giroux, Inc. şirketinin bir bölümü olan North Point Press'in izniyle yeniden basılmıştır.

Victor Weisskopf tarafından *The Joy of Insight,* Basic Books, 1991'den alıntılanmıştır.

Peter Matthiessen'in *The Snow Leopard* kitabından alıntılanmıştır Viking Penguin a division of Penguin USA'nın izniyle kullanılmıştır.

John Steinbeck ve Edward Ricketts, *Sea of Cortez,* 1941 seçkisinden alınmıştır. Appel Publishers'ın izniyle kullanılmıştır.

Wholeness and the Implicate Order by David Bohm, 1980, Routledge & Kegan Paul, London, Boston seçkisinden alıntılanmıştır. Yayıncının izniyle kullanılmıştır.

Estate of Albert Einstein, *The World as I See It,* © 1956, 1984 kitabından alıntılanmıştır. Carol Publishing Group ile yapılan anlaşmayla yayımlanmıştır.

D. T. Suzuki *Introduction to Zen Buddhism,* copyright © 1964 by D. T. Suzuki kitabından alıntılanmıştır. Grove/Atlantic Monthly Press'in izniyle basılmıştır.

The Poems of W. B. Yeats: A New Edition kitabından Macmillan Publishing Company'in izniyle alıntılanmıştır.

Gandhi'den yapılan alıntılar Navajivan Trust, Ahmedabad 14, Hindistan'ın izniyle yeniden basılmıştır.

Yazar ayrıca, yayın sırasında telif hakkı sahibi bulunamayan aşağıdaki alıntılanmış eserlere de teşekkür etmek ister: Rainer M. Rilke'den *Letters,* çev. Jane Barnard Greene ve M.D. Herton Norton. Telif hakkı sahibi, materyalinin burada kullanımı ile ilgili olarak yayıncı ile iletişime geçmek isterse yayıncı bu kitabın gelecek baskılarında uygun şekilde alıntı yapılmasını sağlamak için gerekli çabayı gösterecektir.

Teşekkür

Myla Kabat-Zinn, Sarah Doering, Larry Rosenberg, John Miller, Danielle Levi Alvares, Randy Paulsen, Martin Diskin, Dennis Humphrey ve Ferris Urbanowski'ye kitabın ilk taslaklarını okuyup değerli görüşlerini ve teşviklerini esirgemedikleri için teşekkür ederim. Çalışmamın ilk dönemlerinde Rocky Horse Ranch'i bana tahsis eden Trudy ve Barry Silverstein'a ve o harika günlerde yaşadığım Western maceraları için Jason ve Wendy Cook'a derin minnettarlığımı sunarım. Editörlerim Bob Miller ve Mary Ann Naples'a mükemmeliyete olan bağlılıklarından ve onlarla çalışmaktan duyduğum zevkten dolayı derin şükranlarımı sunarım. Onlara, Hyperion ailesine, menajerime, Patricia Van der Leun'a, kitap tasarımcısı Dorothy Schmiderer Baker'a ve sanatçı Beth Maynard'a bu kitabın ortaya çıkmasında gösterdikleri özen ve dikkat için teşekkür ederim.

YAZAR HAKKINDA

Jon Kabat-Zinn, bir meditasyon öğretmeni, bilim insanı ve yazardır. Center for Mindfulness in Medicine, Health Care, and Society'nin (Tıp, Sağlık ve Toplumda Bilinçli Farkındalık Merkezi) kurucu yöneticisi (1995'te) ve dünyaca ünlü Stress Reduction Clinic'in (Stres Azaltma Kliniği) kurucusu (1979'da) ve eski direktörü olduğu Massachusetts Üniversitesi Tıp Fakültesi'nde emekli tıp profesörüdür. Çalışmaları 1993 yılında Bill Moyers'in sunduğu PBS dizisi *Healing and the Mind*'da yer almıştır. Aynı zamanda *Full Catastrophe Living: Using the Wisdom of Your Body and Mind to Face Stress, Pain and Illness* (Delta, 1991), *Coming to Our Senses: Healing Ourselves and the World Through Mindfulness* (Hyperion, 2005) ve eşi Myla ile birlikte *Everyday Blessings: The Inner Work of Mindful Parenting* (Hyperion, 1997) kitaplarının yazarıdır. Bütünleştirici Tıp için Akademik Sağlık Merkezleri Konsorsiyumu'nun kıdemli danışmanıdır. Dalai Lama ve Batılı bilim insanları arasında diyaloglar düzenleyerek zihnin, duyguların ve gerçekliğin doğasına ilişkin araştırma ve farklı bilme biçimlerinin daha derinlemesine anlaşılmasına katkı sağlayan bir grup olan Zihin ve Yaşam Enstitüsü'nün yönetim kurulunda yer almaktadır. Yargıçlar, iş dünyası liderleri, avukatlar, din adamları, olimpiyat sporcuları (1984 Olimpiyat Erkek Kürek Takımı) ve çevre aktivistlerinden oluşan grupları bilinçli farkındalık konusunda eğitmiştir. Bilinçli Farkındalık Merkezi, onun yönetiminde, şehir içinde İngilizce ve İspanyolca dillerinde Massachusetts eyalet hapishane sisteminde bilinçli farkındalık temelli stres azaltma (MBSR) programları yürütmüştür. İş dünyası liderleri ve girişimciler için yıllık bilinçli farkındalık inzivaları düzenlemekte ve Bilinçli Farkındalık Merkezi'ndeki meslektaşlarıyla birlikte sağlık profesyonelleri için MBSR eğitim inzivalarına öncülük etmektedir. Kendisinin ve UMass ve dünyanın dört bir yanındaki meslektaşlarının çalışmaları bilinçli farkındalığın tıp, sağlık hizmetleri ve hastaneler, okullar, şirketler, hapishaneler ve profesyonel sporlar gibi toplumumuzdaki ana akım kurumlarda giderek yaygınlaşmasına katkıda bulunmuştur.